CASAR-SE NOVAMENTE É ADULTÉRIO,
A MENOS QUE ...

CASAR-SE NOVAMENTE É ADULTÉRIO,
a menos que ...

O que a Bíblia diz sobre divórcio e seus desdobramentos

David Pawson

Anchor Recordings

Copyright © 2011, 2013, 2016 David Pawson

Os direitos autorais referentes a este livro são assegurados a David Pawson, de acordo com a Lei de Direitos Autorais, Desenhos Industriais e Patentes de 1988 (Reino Unido).

1a edição: 2011; Grã-Bretanha.
Revisão: 2013.

Uma publicação da Anchor Recordings Ltd
DPTT, Synegis House, 21 Crockhamwell Road,
Woodley, Reading RG5 3LE, UK

Todos os direitos reservados.

www.davidpawsonbooks.com

www.davidpawsonbooks.org

Nenhuma parte desta publicação pode ser reproduzida ou distribuída, em qualquer forma ou por quaisquer meios, sejam eles eletrônicos ou mecânicos, incluindo fotocópias e gravações, ou por qualquer sistema de armazenamento e recuperação de informações, sem autorização prévia, por escrito, da Editora.

Capa: Roger Judd

A Editora é grata a David Pawson por consentir o uso, no Prefácio deste livro, do texto extraído de *Once Saved, Always Saved?* de David Pawson
Copyright © David Pawson 1996.
Reproduzido com a autorização da Hodder and Stoughton Limited

ISBN 978-1-911173-04-5

Impressão: Lightning Source

SUMÁRIO
PRÓLOGO   7

1. O QUE DIZ DEUS   13

2. O QUE DIZ MOISÉS   17
   Êxodo 21.7-11
   Deuteronômio 22.13-30
   Deuteronômio 24.1-4

3. O QUE DIZEM OS PROFETAS   27
   Oséias 1-3
   Jeremias 3.1-10
   Malaquias 2.13-16

4. O QUE DIZEM OS ESCRIBAS   33
   Shamai
   Hilel
   Akiva

5. O QUE DIZ JESUS   37
   A explicação de Jesus (Lucas e Marcos)
   A exceção de Jesus (Mateus)
   O exemplo de Jesus (João)

6. O QUE DIZ PAULO   77
   Romanos 7.1-6
   1Coríntios 7.1-40
   1Timóteo 3.1-13

7. O QUE DIZ A IGREJA   97
   Os primórdios da igreja
   A era imperial
   A era medieval
   A era da Reforma
   A era moderna

8. O QUE DEVEMOS DIZER   109
   Abordagem por precedente
   Abordagem por princípio
   Pecado; Perdão;
   Arrependimento; Disciplina

EPÍLOGO   127
Apêndice: Jesus abriu alguma "exceção"?   133

PRÓLOGO

Eu estava em um trem que seguia em direção a Londres. A estação Clapham Junction era a última parada para o embarque de passageiros. Um homem entrou no vagão onde eu estava, sentou-se no outro extremo e me encarou por alguns minutos antes de andar em minha direção e ocupar o assento em minha frente. Recordo-me da nossa conversa:

— Eu acho que conheço o senhor. O senhor não é pastor?

— Sim. De onde você me conhece?

— Há quinze anos, alguém me levou a Guildford para ouvir um pregador e creio que era o senhor.

— É muito provável que tenha sido eu mesmo. Você é cristão?

— Sim. [pausa] Posso fazer uma pergunta?

— Não posso garantir uma resposta, mas qual seria a pergunta?

— Bem, é o seguinte: larguei minha esposa e atualmente estou vivendo com outra mulher.

— Por que você deixou sua esposa?

— Porque conheci esta outra pessoa e me apaixonei por ela.

— Então o que você quer saber?

— Se eu me divorciar legalmente da primeira mulher e me casar com a segunda mulher, isso consertaria a situação aos olhos de Deus?

— Não, infelizmente não.

— O que seria necessário para consertar a situação?

— Você precisaria deixar esta mulher e voltar para sua esposa.

— Eu esperava que você dissesse isso.

— Eu creio que é exatamente o que Jesus lhe diria se você fizesse a mesma pergunta a ele.

Essa minha colocação gerou um silêncio entre nós. Enfim, o trem começou a desacelerar perto da estação de Waterloo e percebi que eu tinha apenas um ou dois minutos mais com ele. Meu desejo era estimular nele o temor do Senhor, que é o princípio da sabedoria, então retomei a conversa:

— Você tem uma escolha difícil a fazer.

— Qual?

— Você tem que escolher entre viver com esta mulher pelo resto de sua vida aqui na Terra ou viver com Jesus por toda a eternidade; mas você não pode ter os dois.

Seus olhos se encheram de lágrimas, mas ele desceu do trem e sumiu em meio à multidão. Foi quando senti um pouco do que Jesus deve ter sentido quando o jovem rico o deixou. Minha oração naquele momento foi para que ele nunca se esquecesse da conversa que tivemos até o dia em que encontrasse lugar para o arrependimento em seu coração.

Mas eu estava certo ao afirmar aquilo? Eu estava lhe dizendo a verdade ou tentando assustá-lo com base em uma mentira? O que ele realmente queria era que eu lhe desse uma garantia de que seu pecado não afetaria sua salvação. E isso eu não poderia lhe dar.

Essa mesma questão havia surgido cerca de um mês ou dois antes, desta vez envolvendo não apenas uma pessoa mas algumas milhares. Eu era o principal preletor das plenárias no período da noite da conferência da Spring Harvest na cidade de Minehead (Inglaterra) e o tema era a carta de Paulo aos Filipenses. Quando cheguei no versículo 11 do capítulo 3

("...para, de alguma forma, alcançar a ressurreição dentre os mortos"), destaquei que o apóstolo Paulo considerava que um cristão poderia perder a salvação futura, uma vez que ele próprio, depois de ter pregado aos outros, temia "vir a ser reprovado" (1Coríntios 9.27). Usei outros textos de várias partes do Novo Testamento para sustentar essa afirmação. Em seguida, falei sobre aqueles que "brincam com Deus pois acreditam que sua entrada no céu está garantida", e citei como exemplo cristãos que deixam seus cônjuges por causa de outras pessoas, tanto nos casos em que simplesmente passam a morar juntos (amazeados) como nos casos em que se divorciam e se casam novamente. Muitas dessas pessoas continuam frequentando a igreja, alegando que Deus não deixou de abençoar o novo relacionamento, e mantêm a expectativa de ir para o céu um dia. Entretanto, o pecado continua sendo pecado, seja praticado por crentes ou descrentes. Deus não tem favoritos. Nós somos justificados pela fé, mas seremos julgados pelas obras (entenda-se ações).

Essas afirmações quase geraram um tumulto! Assim que concluí a mensagem, um dos líderes que estavam na plataforma apressou-se em tomar a frente e proclamou em alto e bom som, repetidamente: "Nada pode nos separar do amor de Deus que está em Cristo Jesus", e pediu para os músicos ministrarem um cântico com base nesse versículo.

Em seguida, um dos principais responsáveis pelo evento liderou um momento de oração por mim e por minha pobre esposa, "pois às vezes David entende as coisas da forma errada". A situação não ficou pior pois Roger Forster pegou o microfone e disse que deveríamos nos focar na mensagem e não em quem a trouxe. Ele fez um apelo, que foi respondido por muitos homens, liderados à frente por sete homens com lágrimas no rosto. Não havia conselheiros suficientes para acompanhar todos os que responderam ao apelo. O líder me disse, depois, que eles nunca haviam testemunhado um

arrependimento tão genuíno na sala de aconselhamento.
A gravação da mensagem foi inicialmente proibida de circular, sendo posteriormente liberada após muitos protestos – mas somente depois de ser inserida uma "nota explicativa" dizendo que eu não tive a oportunidade de explicar minhas colocações por falta de tempo – o que não era verdade.

Essa foi a última vez que ministrei nas conferências da Spring Harvest. O fato de afirmar a possibilidade de o cristão "perder sua salvação" e de apontar o pecado daqueles que deixaram seus cônjuges para viver com outras pessoas foi encarado por eles como um "golpe duplo". Eu saí de lá impelido a escrever dois livros sobre esses assuntos, que envolvem questões essenciais da fé e do comportamento cristão.

O primeiro livro, *Once Saved, Always Saved?* (Uma vez salvo, sempre salvo?), foi publicado pela Hodder and Stoughton, em 1996 (o Prólogo foi utilizado aqui, com permissão). Agora, quinze anos mais tarde, apresentamos o segundo. Este segundo levou mais tempo por conta da dificuldade e do grau de complexidade do assunto. Muitos outros livros sobre o assunto foram publicados na Europa e nos Estados Unidos. Li a maioria deles, entrei em contato com alguns autores e mantive conversas construtivas com outros. O atraso não pode ser justificado, entretanto, pelo tempo gasto na pesquisa em si, mas pela busca por minhas próprias convicções sobre o assunto. Desse modo, enfatizo fortemente que a posição apresentada neste livro é minha e de mais ninguém. Tampouco é definitiva. Espera-se que ela ajude os leitores a tirarem suas próprias conclusões.

Uma nota final. Os que demonstram ter reservas sobre novo casamento após divórcio são acusados de ter uma atitude severa e insensível, e em alguns casos, de hostilidade e crueldade. Se eles próprios estiverem vivendo um casamento estável e firme, dirão que eles não podem entender os traumas de um casamento fracassado. Infelizmente, posso garantir aos leitores que nossa família é parte de um número crescente de pessoas que enfrentaram o sofrimento, na verdade, a agonia resultante de um casamento desfeito, seja de parentes próximos ou de amigos. Ao escrever este livro, não pude ceder ao apelo emocional de uma ou outra situação específica, pois minha preocupação com os padrões que se deterioram rapidamente na igreja é bem maior.

1
O QUE DIZ DEUS

O sexo foi ideia de Deus. Portanto, trata-se de uma ideia "boa". A ideia não era somente boa, mas poderosa, pois se tornaria um dos principais fatores a influenciar as relações humanas.

Não é de se estranhar que a Bíblia apresente tantas informações sobre o uso e o abuso dessa força física e emocional, do começo ao fim, de Gênesis a Apocalipse. Todos os dons de Deus podem ser usados para favorecer ou para ferir a nós mesmos e aos outros. Seria estranho se o bom Senhor não nos tivesse instruído com relação a seu uso. O propósito deste volume é explorar tais instruções.

Vamos iniciar onde a Bíblia inicia, com a criação do universo e do planeta Terra e tudo o que nele há. Notavelmente, a criação resulta de dez ordens ("haja") diretas do trono dos céus, executadas pelo Espírito de Deus na Terra.

Apesar de as plantas e os animais serem previamente dotados da capacidade de reprodução, a maioria sexuada, a divisão da raça humana em dois gêneros é definida no contexto de que ambos os sexos reproduziriam a imagem divina original, individualmente, como macho e fêmea, e juntos, como duas pessoas se tornando uma.

É necessário fazer uma pausa para considerarmos como e quando a história da criação foi revelada. Ela tem autonomia por si só no que diz respeito a sua natureza poética e matemática (veja capítulo 2 da obra *Unlocking the Bible* – HarperCollins, 2003 – em português, A Chave para Entender a Bíblia). Entretanto, é bem provável que não tenha sido conhecida antes da época de Moisés. Por exemplo, nem Adão ou Abraão guardavam o sábado. Desde que não havia pessoas para testemunhar o momento da criação, entende-se que sua descrição viria somente mediante uma revelação divina tempos mais tarde. E há indícios de que Moisés tenha sido o receptor de tal revelação.

O estilo da narrativa, contudo, muda com a introdução da geografia e história (a partir de Gênesis 2.4) e a memória humana passa a colaborar com a narração, um recurso mais eficiente em uma época em que não existia a escrita. Toda a perspectiva muda de celestial para terrestre. Enquanto a criação do sexo acontece no contexto inicial, as instruções iniciais sobre sexo aparecem no contexto seguinte (2.24-25).

O contexto é o da criação de Eva, uma auxiliadora idônea para Adão. Ela foi "feita" depois dele, a partir dele e para ele; os três pontos são mencionados no Novo Testamento, assim como a autoridade recebida para dar nome a ela. As implicações do relacionamento dos dois vêm em seguida e incluem a definição de casamento a ser perpetuada.

Primeiramente, o casamento é uma relação *heterossexual*, entre macho e fêmea.

Em segundo lugar, é uma relação *monogâmica* entre "um homem" e "sua esposa", entre um macho e uma fêmea. A poligamia nunca fez parte do propósito de Deus.

Em terceiro lugar, é uma relação *permanente*. O relacionamento de Adão e Eva poderia ter sido eterno, se o pecado cometido por eles não tivesse gerado a morte, mas, ainda assim, o casamento era válido "até que a morte nos separe". O juntar-se envolve uma ação permanente de "deixar" pai e mãe – sua família (para os filhos de Adão em diante) e "unir-se" a outra pessoa para formar outra família.

Este unir-se é semelhante à noção de "grudar ou colar"; sem rodeios, quer dizer que marido e esposa estão "presos" um ao outro!

Em quarto lugar, é uma união *combinada*. Os dois se tornam "uma só carne". O sentido vai além da ligação física. O casal forma uma entidade. Muito mais do que uma conexão física, eles se unem num vínculo para o resto da vida.

Esses dois versículos são essenciais para o entendimento do restante das Escrituras. Tanto Jesus como Paulo citaram literalmente essas passagens e as usaram como a principal fonte de seu ensinamento sobre questões sexuais, como veremos a seguir.

Antes disso, precisamos observar que é um erro mencionar essas passagens como se fossem o "ideal" de Deus – um termo que sugere um alvo a ser perseguido, no lugar de um padrão esperado a ser atingido. "Propósito" é um termo mais adequado, sugerindo um padrão estabelecido para todos os seres humanos.

Incluímos neste capítulo uma referência ao que veio a ser conhecido como os Dez Mandamentos. Como já dissemos, é bem possível que eles tenham sido revelados à mesma pessoa que recebeu a revelação da história da criação, a saber, Moisés, e provavelmente na mesma época. Além disso, os Dez Mandamentos foram escritos pelo próprio Deus, pelo seu dedo (Êxodo 31.18; cf. João 8.6). Esta é uma característica que distingue as "dez declarações" do restante da lei mosaica (veja capítulo 2).

O tema principal dos Dez Mandamentos é o respeito. Respeitar a singularidade de Deus, seu nome e seu santo dia. Respeitar os pais e a vida, o casamento, a propriedade e a reputação (próprias e das demais pessoas). O décimo é o único que trata da motivação interior e não do comportamento exterior.

Vamos nos concentrar no sétimo mandamento, que declara

que o casamento é sagrado. A relação sexual é limitada estritamente ao cônjuge. Não é feita nenhuma referência direta à promiscuidade pré-matrimonial; que é tratada em outros trechos. Mas existe uma proibição absoluta sobre comportamento inadequado fora do casamento, considerado um dos principais atos de rebelião contra o Criador e Redentor de Israel (v. 2). Com isso, surge a questão: o propósito de Deus era aplicar essas leis básicas de uma forma mais ampla (para toda a humanidade) e não somente ao povo que ele libertou da escravidão no Egito, a saber, a nação que emergiu de tal fato?

No que diz respeito à conformidade dos povos que estão em aliança com Deus, tanto a antiga como a nova aliança, Israel e a igreja, existe a premissa bastante difundida de que essas leis aplicam-se a ambos. Elas têm sido utilizadas em catequeses e fazem parte da decoração de interiores de igrejas para reforçar a ética cristã. Certamente a maioria delas são mencionadas no Novo Testamento.

A exceção parece ser encontrada no quarto mandamento, que diz respeito à guarda do sábado (conforme Romanos 14.5-8; Colossenses 2.16-17). No entanto, o sétimo é claramente mencionado.

Muitos acreditam que os Dez Mandamentos devem ser usados como a base de toda a lei cívica também. O rei Alfred, da Inglaterra, instituiu-os como a base da lei inglesa, que, por sua vez, influenciou a cultura judaico-cristã da sociedade ocidental, considerando crime e pecado os atos relacionados a assassinato, adultério, roubo e falso testemunho. Não foi tão fácil fazer o mesmo com o décimo mandamento!

Mesmo assim, é evidente que aquele que inventou o sexo tenha tomado o cuidado de acrescentar restrições severas quanto a seu uso, o que pode ser resumido em abstinência sexual absoluta para os não casados e fidelidade absoluta para os casados.

2
O QUE DIZ MOISÉS

Pode parecer estranho examinar as leis mosaicas separadamente dos Dez Mandamentos, uma vez que estão fortemente associados a Moisés. Porém, há distinções claras entre eles e a apresentação em capítulos diferentes (O que diz Deus / O que diz Moisés) é uma forma de chamar a atenção para essas distinções.

Já salientamos que Deus escreveu os Dez Mandamentos e Moisés escreveu os outros seiscentos e três; os primeiros foram escritos no topo do Monte Sinai e os demais, no pé do monte e em vários outros locais ao longo da jornada rumo à terra prometida de Canaã. Podemos dizer que Deus deu os Dez Mandamentos a Moisés e transmitiu o restante deles por meio de Moisés, embora todos eles visavam o mesmo povo.

Podemos dizer que Moisés está mais preocupado com a interpretação e a aplicação dos "dez princípios básicos" e, em especial, dos seis últimos, embora ele apresente muito material novo. Contudo, a principal diferença está na forma de expressão das leis. Há uma clara tendência de substituição do estilo "apodítico" pelo "casuístico", empregando aqui a terminologia técnica. Ou seja, do enunciado categórico "Não farás..." ao hipotético "Se fizeres...serás...". Passa-se de uma abordagem com foco em proibições absolutas para uma com foco em regras relativas, considerando-se aspectos circunstanciais. Isso exige uma análise muito mais detalhada.

Um ponto importante a ser observado é a natureza holística da "lei" ou "Torá" (= instrução) em hebraico. Ela engloba a vida como um todo: alimentos, roupas, casamento, guerra, etc. Além disso, não faz nenhuma distinção entre os aspectos "sagrados" e os "seculares" da vida. As leis cerimoniais, civis e morais estão integradas em um único sistema legal. Por essa razão, infringir uma única lei significa infringir a lei como um todo (Deuteronômio 27.26; cf. Mateus 5.19; Gálatas 3.10; Tiago 2.10). O pensamento ocidental tem uma tendência de classificá-las e tratá-las separadamente.

Se os Dez Mandamentos são claramente voltados ao indivíduo ("farás/não farás"), as leis mosaicas têm um viés comunitário. Foram escritas tendo-se constantemente em mente a vida social das pessoas, bem como a responsabilidade da comunidade de aplicar as punições por suas transgressões. O objetivo é claramente apresentar uma sociedade santa, saudável e, portanto, feliz, a um mundo que não consegue alcançá-la.

Várias sanções devem ser aplicadas. A única punição não mencionada é a prisão. Com base nessas observações iniciais, retomemos as três passagens citadas relacionadas com a discussão sobre o divórcio e o novo casamento. Reproduzi-las aqui, na íntegra, tomaria muito espaço, portanto, solicito que os leitores abram a Bíblia e leiam os trechos pertinentes antes de lerem os comentários a seguir.

Êxodo 21.7-11 (leia)

O contexto é a escravidão da mulher, a venda de uma filha como esposa. Se seu marido não ficasse satisfeito, não poderia vendê-la no mercado, onde ela poderia ser comprada por um estrangeiro (como aconteceu com José). Porém, ela poderia ser "resgatada", comprada por um determinado preço, por um de seus compatriotas. Ou ela poderia ser comprada por um senhor e entregue a um filho para que se tornasse sua esposa, mas, neste caso, ela teria todos os direitos de uma filha. Outra possibilidade seria ficar com ela e também casar-se com outra mulher (Moisés não proibia a bigamia). Neste caso, todas as suas necessidades deveriam ser supridas, incluindo alimentação, vestimentas e sexo. Caso contrário, ela teria o direito de ir embora, sem precisar pagar nada.

Esse último ponto tem sido recentemente usado em estudos cristãos sobre o divórcio. Argumenta-se o seguinte: se uma esposa escrava podia ser libertada do casamento se suas necessidades de alimentação, vestimentas e sexo não fossem atendidas pelo marido, certamente qualquer esposa, inclusive uma esposa cristã, hoje, poderia exigir o mesmo. Se essa dedução estiver correta, então várias "exceções" válidas foram adicionadas à única proferida por Jesus. Em síntese, a negligência poderia liberar uma pessoa *de* um casamento *para* outro.

Deuteronômio 22.13-30 (leia)

Embora não citado com frequência em discussões sobre o divórcio, podemos ver (no capítulo 5) como esse fragmento é relevante, mesmo que se refira diretamente à promiscuidade pré-matrimonial.

Na cultura judaica, o noivo supunha que sua noiva fosse virgem. Jamais esperava pagar por uma mercadoria de segunda mão. O castigo por uma "traição" como essa era muito severo, a noiva era apedrejada até a morte. Porém, tal "justiça impiedosa" tinha que ser protegida contra abusos.

Uma falsa acusação poderia ser utilizada como desculpa conveniente para fugir de uma aliança da qual alguém tivesse se arrependido. Era responsabilidade do pai da noiva proteger a reputação e a vida de sua filha, comunicando a situação às autoridades civis e oferecendo evidências de sua virgindade (lençóis manchados de sangue após a ruptura do hímen). A punição para um noivo que mentisse seria pagar uma grande soma ao pai da noiva e permanecer casado com a moça até sua morte. Ele poderia ter se divorciado dela simplesmente por ela '"não lhe agradar" (leia Deuteronômio 24, na seção a seguir), mas depois do que fez, ele não tinha mais essa opção.

O caso seguinte trata o adultério, quando um homem tem relações sexuais com a esposa de outro homem. Quando o adultério era descoberto ("constatado"), a punição *obrigatória* era a morte para *ambos*. O marido "inocente" não podia perdoar (compare com João 8.3-4).

O próximo cenário nos oferece uma percepção vital da cultura judaica. Observem que uma "noiva comprometida para se casar" *já* era considerada uma "mulher casada" e, portanto, fazer sexo com ela era considerado adultério. Um noivado era, naquela época, levado mais a sério do que é hoje e uma separação antes que o relacionamento fosse consumado era um "divórcio" (veja a situação de José e Maria em Mateus 1.18-19). Tal "adultério" também exigia a morte de ambos os envolvidos.

Obviamente, tudo dependia de como a relação sexual antes do casamento havia se consumado; se havia sido consensual ou forçada. Se acontecesse em uma cidade, onde os gritos por socorro de uma mulher seriam facilmente ouvidos e atendidos, e a mulher não gritasse ou pedisse ajuda, entendia-se que ela havia participado voluntariamente. Se acontecesse em uma zona rural, onde gritos por socorro não seriam ouvidos, a mulher usufruiria do benefício da dúvida e considerava-se que ela havia sido estuprada.

Se ela não estivesse noiva, a pena de morte não seria imposta a nenhum dos dois. Entretanto, se eles fossem flagrados, teriam que se casar e o noivo teria que pagar uma determinada soma ao pai da noiva.

A passagem termina com o caso de um casamento

proibido por "consanguinidade" entre um homem e a esposa de seu pai (que pode ou não ser sua mãe biológica; veja 1Coríntios 5.1).

Os principais pontos a serem observados são os seguintes: a maioria dos casos de sexo antes do casamento implica a aplicação da pena de morte e, se uma das partes estiver comprometida, constitui-se adultério.

Deuteronômio 24.1-4 (leia)
Diferentemente do fragmento que acabamos de estudar, este é sempre debatido, principalmente porque é o único que faz menção direta ao divórcio e ao novo casamento no contexto do conjunto da lei mosaica.

Entretanto, é importante destacar o que não é dito sobre o assunto. A lei não ordena nem proíbe o divórcio. Simplesmente aceita que os homens se divorciem de suas esposas e se casem novamente. Menciona o método usual de dar à esposa uma certidão (na qual não sabemos se a razão do divórcio é relatada, mas com ela a esposa tem a prova de que está livre para se casar novamente) e de mandá-la embora de sua casa. Não é preciso mais nada. No caso citado, ela encontra um segundo marido, que também a dispensa de forma parecida.

A única proibição é que ela, em sua terceira tentativa, se case novamente com o primeiro marido. Ela não pode voltar para ele e deve encontrar outra pessoa. Voltar para o primeiro marido seria uma ofensa a Deus e, de certa forma, contaminaria toda a nação (não sabemos como, mas devemos acreditar na palavra de Deus).

E isso é tudo! É bem surpreendente que a discussão do uso desta passagem tenha se desdobrado dessa forma, com foco no divórcio. Esse não é o assunto de interesse e, provavelmente, Moisés não tinha isso em mente de modo algum. Não há também nenhuma sugestão de que Moisés teria limitado o divórcio às razões mencionadas.

O motivo atribuído ao primeiro divórcio foi enfatizado. É uma sentença pouco clara, difícil de traduzir. Tem de certo modo um tom ofensivo – indecente, impuro, relacionado à nudez – e pode se referir a algum defeito ou deformidade, que o marido somente descobriu após o casamento. Na verdade, ninguém sabe e também não interessa. A única coisa que podemos afirmar com certeza é que não se refere a adultério, para o qual a única medida que poderia ser tomada era a morte e não o divórcio. O que torna a discussão supérflua é o fato de que o único motivo do segundo divórcio da esposa, igualmente aceito, era o "desinteresse" (ou desagrado) de seu marido. E não temos nenhuma ideia sobre a razão de tal desagrado.

Poderíamos parar por aí, mas os escribas judeus não estavam satisfeitos com isso. Como veremos (no capítulo 4), a abordagem usada por eles foge ao propósito para o qual o texto foi escrito. Eles o usaram nas suas discussões, até mesmo com o próprio Jesus, com o objetivo de legitimar o divórcio. Os cristãos fizeram o mesmo, principalmente aqueles que acreditam que essas leis se aplicam tanto à igreja como a Israel, uma conclusão que devemos analisar antes de encerrarmos este capítulo. Contudo, podemos resumir esta seção afirmando que em somente uma situação Moisés proibia o casamento após o divórcio: com um ex-marido.

Lembre-se de que não há nenhuma menção a uma esposa que tenha se divorciado de seu marido. Não havia essa possibilidade.

Por último, precisamos levantar duas questões gerais. A primeira é a relevância das regras que regulavam as práticas sociais. A segunda é em que medida as regras da "antiga" aliança se aplicam às da "nova" aliança.

Os males sociais, ou simplesmente práticas com efeitos prejudiciais, precisam ser controlados em qualquer sociedade, nem que seja somente para limitar sua influência. Entretanto, os dispositivos legais empregados para sua restrição de forma alguma atestam sua legitimidade. O alvará para prostíbulos ou cassinos, por exemplo, de maneira alguma endossa os benefícios sociais da prostituição ou dos jogos. Trata-se de uma maneira de controlar, até mesmo de restringir, tais hábitos. É o reconhecimento de que a natureza humana decadente, de qualquer modo, se engajará nessas práticas e ter algum controle público sobre isso é melhor do que não fazer nada, ou seja, dos males o menor. Esse argumento tem sido empregado em algumas campanhas pró-aborto, que sustentam que é melhor que o aborto seja realizado por profissionais capacitados e autorizados do que clandestinamente por amadores. Contudo, toda essa regulamentação incorre no risco de se chegar à premissa ingênua de que "se é legal, deve ser correto".

Como consequência, tal regulamentação social incorre, necessariamente, em violação da ética. Porém, aceitação não significa aprovação. Moisés "aceitava" práticas como a escravidão e a poligamia, que faziam parte da malha social de sua época e, portanto, criou leis para controlá-las, mas, de forma alguma, isso indicava a aprovação divina. Isso é sobretudo verdadeiro no que se refere a sua abordagem do divórcio. Sabemos que o próprio Jesus fez uma distinção entre o propósito de Deus e a concessão de Moisés no que diz respeito à fraqueza da natureza humana (Marcos 10.5). Temos que ter o cuidado de fazer o mesmo.

Isso nos leva a outra questão: o uso das leis de Moisés pelos cristãos. Até que ponto elas se aplicam aos discípulos de Jesus? As opiniões variam e vão desde totalmente relevantes até nada relevantes, dependendo da visão da igreja em relação ao seu relacionamento com Israel (continuidade ou descontinuidade). Por trás disso há um ponto fundamental: como o "Antigo" Testamento se relaciona com o "Novo".

A resposta, que pode conduzir ao erro, reside no próprio nome de cada uma das partes de nossa Bíblia, uma vez que "testamento" e "aliança" são sinônimos, sugerindo que existem somente duas alianças nas Escrituras. Existem pelo menos cinco importantes: Noética, Abraâmica, Mosaica, Davídica e Messiânica. Todas as cinco são mencionadas em ambos os testamentos. Somente uma é chamada de "velha" ou "antiga" (a Mosaica) e foi substituída pela única que é chamada de "nova" (a Messiânica).

Essa é a razão pela qual a aliança Mosaica estabelecida no Monte Sinai é considerada no Novo Testamento como temporária (Gálatas 3.17-25) e obsoleta (Hebreus 8.7-13). Logicamente, isso significa que as leis de Moisés também já perderam seu prazo de validade. Contudo, os cristãos nem sempre são lógicos!

De fato, a maioria leva os Dez Mandamentos muito a sério, incluindo-os nas reuniões de doutrina e nos cultos de ceia, esculpindo-os nas paredes das igrejas. Entretanto, deram pouquíssima atenção às mais de seiscentas leis adicionadas por Moisés.

A minoria, ou ninguém, defenderia um retorno da aplicação das punições estabelecidas por ele. Mais de doze pecados mereciam a pena de morte, incluindo o comportamento rebelde de um filho. O castigo físico ("olho por olho, dente por dente, mão por mão, queimadura por queimadura, ferida por ferida, golpe por golpe" – Êxodo 21.24) era exigido em caso de ferimentos graves. Até mesmo a mão de uma mulher podia ser cortada se ela agarrasse os genitais do marido durante uma briga.

Muitas exigências são totalmente ignoradas; desde o uso de roupas fabricadas com material puro até doze meses de licença para soldados em lua de mel. Tendo em mente que Moisés exigiu que todos prometessem cumprir todas as leis, o tempo todo, é incrível que alguém assumisse tal compromisso, embora os Israelitas o tenham feito (Êxodo 19.8). Contudo, o Novo Testamento não contém esses votos relacionados às leis de Moisés. De fato, a forte objeção de Paulo quanto à circuncisão de seus gentios convertidos tinha como motivo o fato de que isso os obrigaria a "cumprir todas as leis" (Gálatas 5.3). Ele argumentava que os cristãos estavam "mortos para a lei" como o próprio Cristo já havia sido crucificado (Romanos 7.1-6, uma passagem que examinaremos novamente).

Portanto, parece incoerente, se não hipócrita, que os cristãos usem "a lei" de forma seletiva, citando algumas de suas exigências e esquecendo outras. Isso é particularmente evidente quando procuram criar um cenário bíblico para fundamentar um determinado ponto de vista, por exemplo, contra as atividades homossexuais. No máximo, é possível demonstrar que Deus as desaprovava em Israel; mas há vastas evidências de uma aplicação mais abrangente no Novo Testamento. E esse é o teste. Qualquer lei mosaica defendida por Jesus ou pelos apóstolos ainda é válida. Tornou-se parte da "lei de Cristo".

A lei de Moisés referente ao divórcio somente é relevante em uma discussão cristã na medida em que ela esclarece o contexto judaico no qual os fariseus desafiaram Jesus a revelar seu posicionamento. Os cristãos não estão "debaixo da (daquela) lei".

3

O QUE DIZEM OS PROFETAS

Israel, a esposa, e Deus (Yahweh), o marido. Essa ideia é a base de grande parte do que os profetas dizem. Eles viam como um casamento a aliança feita, no Monte Sinai, com a jovem nação, com votos enunciados por ambas as partes. Uma metáfora expressiva desse relacionamento, desde o nascimento da nação até o processo de envolvimento e corte, é oferecida em Ezequiel 16.1-14. O povo judeu via o Cântico dos cânticos como uma analogia, até mesmo uma alegoria, de seu parentesco com o Todo-Poderoso.

Essa relação permitiu ao porta-voz de Deus fazer uma comparação muito perspicaz quando o primeiro dos Dez Mandamentos foi quebrado e Israel "foi atrás" de outros deuses. Israel se tornou a esposa infiel, até mesmo uma "prostituta", e, sobretudo, uma adúltera (veja a veemente acusação em Ezequiel 16.15-34). Quais as consequências e o significado disso para o casamento entre duas pessoas? Vamos analisar as mensagens dos três profetas.

Oséias 1-3 (leia)
Os profetas frequentemente são chamados para proclamar a "palavra do Senhor", bem como para demonstrá-la em suas vidas. Jeremias permaneceu solteiro e morreu jovem. Ezequiel perdeu sua esposa, mas não teve permissão para lamentar sua perda.

Oséias talvez tenha recebido a atribuição mais difícil. Ele casou-se com uma mulher de moral e reputação duvidosas. Foi pai de três crianças, mas nem todas eram seus filhos biológicos. Sua esposa, então, o deixou e voltou para as ruas das quais ele a havia tirado. Porém, ele não a abandonou, mas procurou por ela, a resgatou das mãos de seu cafetão, levou-a de volta para casa, disciplinou-a e, em seguida, retomou suas relações conjugais. Tendo feito tudo isso, ele estaria em condições de compartilhar, de forma convincente, como Deus se sentia com relação a seu povo.

Ele foi o último profeta a ser enviado às dez tribos ao norte de Israel, após terem se separado de Judá, no sul, e antes da invasão de suas terras e seu cativeiro pela Assíria. Ele seguiu Amós, com sua mensagem de justiça e juízo. Essencialmente, o apelo final de Oséias ao arrependimento tinha como foco a misericórdia. Foi um clamor do fundo do coração de amor não correspondido (11.1), mas não foi ouvido.

Entretanto, na experiência do próprio Oséias, havia claramente uma esperança de recuperação. O "cão de caça do céu"[1] perseguiria seu povo mais uma vez. O casamento poderia ser e seria restaurado. Isso sugere que, chamado para ser santo como ele é santo, o povo de Deus deveria também manter as portas abertas para a reconciliação quando seus parceiros fossem infiéis.

Jeremias 3.1-10 (leia)

À primeira vista, esse profeta parece ter seguido um caminho oposto ao de Oséias. As dez tribos ao norte de Israel já haviam sido levadas para o cativeiro. E o Senhor diz que lhes entregou a certidão de divórcio e os mandou embora! Isso parece a dissolução definitiva de qualquer forma de matrimônio entre eles.

Acreditem ou não, os cristãos usam isso para justificar

seus próprios divórcios. "Se Deus pode, nós também podemos". Antes de tirarmos conclusões precipitadas, precisamos examinar mais cuidadosamente essa passagem e seu contexto.

A atenção agora volta-se para as duas tribos que permaneceram no sul, Judá e Benjamim, que juntas receberam o nome de Judá (do qual se origina a palavra "judeu"). Elas sabiam o que havia acontecido com sua irmã Israel, banida por sua conduta "adúltera", e mesmo assim, Judá estava se comportando tão mal quanto, ou ainda, pior do que ela, igualmente sem temor algum do julgamento de Deus e, portanto, confrontando o mesmo destino: o divórcio.

Porém, a metáfora começa a ruir quando se examina seu contexto. Não é exatamente um paralelo com o término de um casamento entre pessoas. A passagem se inicia com uma referência às leis mosaicas, conforme lemos em Deuteronômio 24, que salienta que a terra seria desonrada se uma mulher retornasse para seu marido depois de ter se deitado com outros homens. Do ponto de vista humano, teria sido muito errado se Deus aceitasse de volta ambas as irmãs, Israel e Judá, em um relacionamento de "aliança" que ambas haviam traído.

Contudo, Deus é Deus. Ele pode agir acima e além das leis que regem o comportamento humano. Ele teria aceitado Israel se ela tivesse "voltado", isto é, atendido ao apelo verbal e visual de Oséias. Deus até mesmo diz que "pensou" que ela voltaria, mas ela não voltou (versículo 7; não discutiremos as implicações de tal afirmação sobre a presciência de Deus!).

A seção a seguir (Jeremias 3.11-4.1) oferece ampla evidência, com seu insistente apelo por sua "volta", de que ele esperava que Judá mudasse de ideia e se arrependesse antes que fosse tarde demais. Mas ela era teimosa e rebelde, como sua irmã, e também foi "mandada embora" para a Babilônia.

Teria sido o fim dessa história – no caso de qualquer outro "divórcio". A história de Israel, povo de Deus, teria terminado aqui. Mas não terminou. Deus é Deus e, muitas vezes, faz o inesperado. Antes de concluir seu ministério, Jeremias prometeu que o Senhor os traria de volta do cativeiro. "Pois sou eu que conheço os planos que tenho para vocês, diz o Senhor, planos de fazê-los prosperar e não de lhes causar dano, planos de dar-lhes esperança e um futuro" (29.11). Deus pode ter retirado os judeus de sua terra, mas nunca os rejeitou (Romanos 11.1). Eles podem quebrar os votos de matrimônio com Ele, mas Ele nunca quebrará os votos que fez com eles (Levítico 26.44; Jeremias 30.11; Ezequiel 16.60 e várias outras referências). Sua certidão de divórcio é temporária. Sua "nova" aliança será com Israel e Judá (Jeremias 31.31).

Malaquias 2.13-16 (leia)

A essa altura, os israelitas haviam retornado do cativeiro na Babilônia, mas definitivamente, nem todos eles. Como viveram grande parte de suas vidas lá, muitos não queriam deixar seu ambiente social e segurança comercial para enfrentar os rigores de reconstruir uma nação em meio às ruínas de sua capital, Jerusalém. Seus líderes, Esdras e Neemias, também estavam preocupados com sua recuperação moral e espiritual. Entre outros desvios dos padrões de Deus, havia um aumento no número de casamentos mistos, com mulheres de outros povos, expressamente proibido pela lei de Moisés. Esdras confessou o pecado com vergonha (veja Esdras 9) e Neemias tomou medidas bem drásticas (veja Neemias 13), arrancando os cabelos dos homens e exigindo que a prática pecaminosa fosse interrompida imediatamente. Entretanto, tudo continuou igual.

Malaquias foi o último profeta, enviado por Deus, até João Batista, que foi enviado alguns séculos mais tarde. Ao invés de retomar um estado espiritual elevado, vivenciado sob o reinado de Davi, a nação estava em franco declínio. Os hábitos negligentes, de crença e comportamento, estavam corroendo a religião, a moralidade e a prosperidade da nação. O profeta enfrentava a negligência dos sacerdotes e do povo – desde a oferta de animais aleijados e doentes para sacrifício até a infidelidade nos dízimos. Entre as mudanças ocorridas, duas estavam relacionadas ao casamento.

Como já mencionamos anteriormente, havia a prática de casamento misto, entre judeus e gentios. Malaquias tomou medidas muito mais radicais do que a prática de "escalpo" de Neemias, expulsando os homens de entre o povo escolhido (2.12).

Porém, outro mal despontava, destruindo a vida familiar. O número de divórcios crescia rapidamente. O Senhor esteve presente e testemunhou quando os casais jovens juraram seu compromisso um com o outro. Ele chama esse compromisso de "aliança", como a que ele próprio fez com Israel. Da mesma forma como aqueles que se casavam com mulheres gentias estavam "sendo infiéis e quebrando a aliança com Deus" (2.10-11), os homens que se divorciavam das mulheres com quem se casaram "quando jovens" (obviamente se cansaram delas) estavam "sendo infiéis e quebrando a aliança" com elas. Era deslealdade, uma traição.

Especificamente, ele nem menciona a lei mosaica, mas apela diretamente ao propósito e à ação originais de Deus (em Gênesis 2.24), como o próprio Jesus faria mais tarde. Observem que ele acrescenta que os dois são "um só espírito" e uma só carne. A relação sexual é mais do que uma cópula. É o espírito que precisa ser protegido para evitar a dissolução do casamento.

"Eu odeio o divórcio", diz o Senhor. Essas são suas palavras finais sobre esse assunto no Antigo Testamento. É uma afirmação muito forte, uma expressão emocional e também racional de seu repúdio. Divorciar-se é uma ação totalmente contrária ao Deus fiel, que guarda a sua aliança. Em seguida, ele expressa seu ódio também pela "violência dos homens", que talvez se refira ao abuso físico e emocional que pode preceder o divórcio. Essas afirmações são seguidas de um aviso para proteger o espírito contra a infidelidade.

Por fim, observem que Deus está preocupado com os filhos. É menos provável que eles sejam pessoas "consagradas a Deus" se seus pais se divorciarem.

---

[1] The hound of heaven (poema cristão) foi escrito pelo poeta inglês Francis Thompson (1859-1907).

4

O QUE DIZEM OS ESCRIBAS

Não é fácil perceber que uma página em branco entre o Antigo e o Novo Testamento representa um intervalo de alguns séculos. Durante esse período, livros judaicos foram escritos, nos quais é possível notar a ausência de uma frase que aparece aproximadamente quatro mil vezes nas Escrituras judaicas: "Assim diz o Senhor" (que em maiúsculas significa "Yahweh", o nome de Deus em hebraico). Esses livros são encontrados em algumas versões da Bíblia, particularmente nas edições da igreja católica, sob o título "Apócrifos", que significa "escondido" ou "secreto".

Durante esse período interminável, eles não ofereciam nenhuma nova revelação. Não havia "revelação divina" (Provérbios 29.18). Eles remetiam ao passado para meditar nas palavras proferidas por Deus, naquilo que ele já havia dito. Os registros seriam reunidos em um "código" (norma) de Escrituras em 100 a.C.

Uma nova classe de homens surgiu em Israel. Eram chamados "escribas" porque copiavam, à mão, esses documentos para que as pessoas os usassem. Contudo, eles também começaram a explicá-los – o que significavam e como deveriam ser aplicados na vida diária. Era o início do que chamamos hoje de "judaísmo rabínico", que parece dar mais atenção e até mesmo autoridade a sua exposição e a sua aplicação do que ao próprio texto, especialmente quando foram reunidos em documentos como a Mishná e o Talmude. As Escrituras, ou pelo menos seus primeiros cinco livros, receberam o nome de "Torá" ou "Pentateuco", mas eram as tradições que eram estudadas nas "yeshivas" (escolas de rabinos).

Inevitavelmente, as opiniões eram divergentes. As "escolas" de pensamentos dos rabinos se desenvolveram no domínio da doutrina e da ética, da crença e do comportamento. Algumas tinham uma visão mais conservadora e outras eram mais liberais. Os grupos eram associados aos nomes de seus principais estudiosos. Suas opiniões eram filtradas e apresentadas a pessoas comuns pelo rabino local e eram acaloradamente discutidas, principalmente quando afetavam a vida diária. Aparentemente, parecia uma discussão da "lei" de Moisés, mas, na verdade, tratava-se de um debate sobre as "tradições dos anciãos" (veremos no próximo capítulo que Jesus não contesta o que "você leu", mas o que "você ouviu dizer").

O divórcio e, consequentemente, um novo casamento figuravam no topo da lista de assuntos a serem discutidos publicamente. A discussão era frequente nas sociedades grega e romana, e cada vez mais comum entre os judeus, até mesmo em alguns grupos bastante religiosos, como os fariseus, que eram os mais interessados em discutir a legitimidade do divórcio.

Havia um consenso entre os protagonistas. Todos pareciam concordar que o divórcio era permitido e que ambas as partes estariam livres para se casarem novamente. Tipicamente, eles consideraram o divórcio um privilégio somente do marido. Para todos os efeitos, o marido podia se divorciar sem a necessidade de um tribunal, mas a mulher não podia.

Outra mudança deve ser mencionada. A pena de morte como consequência do adultério havia sido substituída pelo divórcio, provavelmente em razão da ocupação romana, que se reservava o direito de execução (compare João 8.5 e

Atos 7.58 com João 18.31). Contudo, ainda era obrigatória. Uma mulher infiel tinha que ser descartada: ela não poderia ser perdoada.

Até então, havia um consenso, inclusive, quanto à existência de uma explicação incontestável para que essa medida fosse tomada. A partir daqui não existia mais consenso. O debate girava em torno do que era e do que não era válido. A discussão tinha como foco dois estudiosos. Ambos alegavam que interpretavam e usavam de maneira correta as leis de Moisés em Deuteronômio 24.

SHAMAI
Este rabino tinha um ponto de vista bastante rigoroso e afirmava que, segundo Moisés, havia somente uma razão para o divórcio: o adultério praticado pela mulher. Esse era o ato "indecente" que justificava que ela fosse mandada embora com uma certidão de divórcio. Nada mais justificava uma separação. É desnecessário dizer que a opinião de Shamai não era a mais popular!

Entretanto, vimos que essa certamente não era a razão estabelecida em Deuteronômio. O castigo obrigatório para a prática de adultério era a morte por apedrejamento. Com toda a certeza, isso deixava o marido livre para se casar novamente. Mais tarde, o divórcio também o tornaria livre.

Contudo, o argumento de que o adultério justifica o divórcio dificilmente pode se basear na lei mosaica ou na Torá. É uma "tradição dos homens" (Marcos 7.7-8).

HILEL
Este rabino tinha uma visão mais flexível e uma longa lista de razões válidas para um marido se divorciar de sua mulher, muitas das quais hoje seriam consideradas triviais, como, por exemplo, queimar a comida, flertar com outros homens e falar alto em público. Em outras palavras, qualquer

coisa que seu marido considerasse ofensiva. Obviamente, a posição de Hilel era interessante para os homens, mas não para as mulheres.

Diziam que a posição adotada pela escola de Hilel era a de "qualquer razão é válida", uma vez que o marido praticamente podia encontrar qualquer defeito que quisesse em sua esposa. Quando perguntaram a Jesus sua opinião sobre o divórcio "por qualquer motivo" (Mateus 19.3), estavam na verdade perguntando se ele concordava com a posição de Hilel.

Hilel e Shamai eram contemporâneos de Jesus, o que significa que ele seria inserido no debate e, com certeza, ele foi. Após o término do ministério de Jesus, um terceiro rabino assumiu um ponto de vista um pouco mais liberal. Seu nome era Akiva.

AKIVA

Ele chegou à conclusão de que não era necessária nenhuma justificativa para o divórcio. O marido podia simplesmente se livrar de sua esposa. Ele tinha esse privilégio como chefe de família. Se ele se cansasse dela ou encontrasse outra mulher que lhe agradasse mais, isso não seria problema de ninguém. Ele podia fazer o que quisesse, sem prestar contas a ninguém. Aprovado por unanimidade!

Mencionamos isso porque aqui há um padrão que já foi percebido em outras sociedades: um leque que se estende desde a determinação de restrições rigorosas até a ausência total de restrições. A legislação britânica relativa ao divórcio seguiu essa tendência. É um caminho escorregadio e perigoso!

É hora de passarmos do Antigo para o Novo Testamento. Como esse livro é dirigido a cristãos, examinaremos, em profundidade e em detalhes, as passagens relevantes.

5

O QUE DIZ JESUS

Este capítulo é o mais longo do livro e o que levou mais tempo para ser escrito. Não somente porque Jesus discute mais este assunto do que qualquer outra pessoa em toda a Bíblia, mas principalmente porque Jesus é a autoridade máxima para todos os cristãos. Alguém que diz ser *o* caminho, *a* verdade e *a* vida certamente merece confiança e obediência absolutas. Entretanto, há duas anomalias (que basicamente significam "perversão") no cristianismo contemporâneo, uma geral e outra específica, que parecem diluir tal reação.

A **anomalia geral** diz respeito a nosso evangelismo. Jesus nos disse "vão e façam discípulos de todas as nações" (Mateus 28.19) e ele definiu um "discípulo" (que significa pupilo, aluno ou aprendiz) como alguém que foi "batizado" (imerso em água) e está sendo ensinado a viver segundo os mandamentos de Jesus.

Poucos evangelistas cumprem esses dois mandamentos básicos. O próprio termo "discípulo", a descrição mais comum dos seguidores de Jesus no Novo Testamento, foi substituído pelo termo "cristão", que no início era um apelido usado pelos incrédulos (Atos 11.26; 26.28), mas posteriormente adotado pelos crentes (1Pedro 4.16). Contudo, o termo "cristão" perdeu a nuance de aprendizado e disciplina. A quantidade de respostas positivas a apelos para "aceitar" Jesus substituiu a importância de fazer discípulos. Uma "oração de entrega", feita em trinta segundos, substituiu o batismo.

O foco se volta para a adoção de um "jeito" cristão em vez de uma jornada contínua como cristão. A necessidade de viver como Jesus, mudar o estilo de vida, é raramente mencionada. É por esta razão que o arrependimento é menos enfatizado? Mudar o estilo de vida significa abandonar comportamentos pecaminosos. O evangelho conclama as pessoas a se arrependerem e crerem, nessa ordem. João Batista esperava "frutos dignos de arrependimento" (Lucas 3.8) e Paulo esperava "obras dignas de arrependimento" (Atos 26.20), ambos de maneiras muito práticas. Ocorreu uma inversão muito estranha – primeiro levar as pessoas a crer; elas podem se arrepender de seus pecados depois. Seus pecados podem ser perdoados sem arrependimento? O nascimento inclui cortar o cordão umbilical que prende o bebê a sua existência prévia na escuridão.

Existe uma versão romântica do que significa se tornar um cristão: "apaixonar-se por Jesus". Aqueles que acreditam nessa noção ingênua precisam se lembrar de que Jesus disse: "Se vocês me amam, obedecerão aos meus mandamentos" (João 14.15). É muito fácil ser sentimental; seguir as Escrituras é um pouco mais difícil.

Os evangélicos têm um motivo mais sutil, mais teológico para menosprezar os atos de arrependimento. Com a preocupação de preservar a verdade da salvação pela graça, eles desenvolveram uma alergia a tudo que cheira a "obra do homem". Alguns até mesmo dizem que o arrependimento e a fé são obra de Deus dentro de nós e não algo que temos de fazer ou que temos de ser capazes de fazer. No entanto, Deus nos manda fazer ambos. Juntas, confiança e obediência, formam a fé.

Assim, por várias razões, parece haver menos ênfase em colocar em prática os ensinamentos de Jesus como a parte mais importante de "fazer discípulos". Com uma estagnação ou um declínio no número de seguidores, muitas igrejas manifestam um desejo desesperado de obter mais ou simplesmente conservar o que já alcançaram. Cultos que procuram agradar às pessoas não anunciam os padrões de comportamento estritos de Jesus e não encorajam a reflexão sobre o possível preço a se pagar por se enveredar por um caminho que poderia, mais tarde, se revelar austero demais. Jesus alertava as pessoas sobre esse preço. O evangelho é oferta e também é demanda.

Jesus não tinha nenhuma inibição ao se referir em público ao padrão de vida austero exigido no Reino de Deus. Nem tinha medo de perder seus seguidores (Lucas 9.51-62; João 6.66). Até mesmo seus inimigos reconheciam isso: "Mestre, sabemos que falas e ensinas o que é correto, e que não mostras parcialidade, mas ensinas o caminho de Deus conforme a verdade" (Lucas 20.21). Agradar a Deus e agradar às pessoas são motivos contraditórios. Dizer a verdade, somente a verdade, nada mais do que a verdade não é uma receita para se ganhar a admiração das pessoas.

A **anomalia específica** é a atitude calada, senão silenciosa, com relação aos ensinamentos de Jesus no tocante ao divórcio. Ele não disse nada sobre o aborto ou a homossexualidade, mas os cristãos falam sobre esses assuntos sem nenhum constrangimento. Contudo, Jesus falou bastante sobre o divórcio e o novo casamento, mas estranhamente os cristãos permanecem quietos. Hoje, o número de membros e pastores das igrejas que se divorciam e casam-se novamente é tão alto que muitos pregadores e mestres relutam em abordar o assunto por receio de incomodar ou dividir as congregações; alguns até mesmo "abençoam" segundos casamentos celebrados fora da igreja e realizam seminários sobre "recuperação após divórcio", que inclui a opção de casar-se novamente. Antes as pessoas que optam por essa prática teriam sido afastadas da comunhão, agora os rejeitados (excluídos) são aqueles que questionam tal prática dentro da igreja!

As tendências que discutimos brevemente, a geral e a específica, evidenciam uma necessidade urgente de voltarmos para as Escrituras, em particular para os quatro evangelhos, para garantir que a gente saiba e compreenda, com certeza, o que Jesus disse. Uma constatação, entretanto, pode ser facilmente evidenciada. Ele geralmente se posicionava contra o divórcio e o novo casamento após o divórcio. Aqueles que o desafiaram a expressar sua opinião em público pareciam estar esperando por isso.

É lamentável que muitas discussões sobre seus ensinamentos sejam rapidamente direcionadas para "exceções" em vez de garantir que a "regra" de Jesus seja primeiramente demonstrada. Elas se tornam, então, um exercício de procurar por eventuais brechas. Podemos começar analisando quais eram suas ressalvas e *por que* ele as tinha (a "explicação" é encontrada em Lucas e Marcos). Somente depois podemos discutir uma possível restrição (a "exceção" é encontrada em Mateus). Por fim, veremos como ele próprio lidava com essas situações (o "exemplo" é visto em João).

1. A EXPLICAÇÃO DE JESUS (Lucas e Marcos)

Lucas 16.18 (leia)
Trata-se do depoimento mais curto e mais simples de Jesus, portanto, um bom ponto de partida. É uma declaração categórica e inequívoca, sem nenhuma restrição. Não critica o divórcio como tal, mas certamente condena o ato

de casar-se novamente, tanto para o divorciado quanto para a divorciada. Ele se dirige aos homens, uma vez que a iniciativa, geralmente, partia e parte deles.

Antes de explorarmos o texto, vamos estudar o contexto. A declaração está inserida, de forma inesperada, no contexto de uma discussão entre Jesus e alguns fariseus. Eles estavam conversando sobre dinheiro e Lucas registrou o diálogo entre duas parábolas: uma sobre um homem que dava mais valor às pessoas do que ao dinheiro e outra sobre um homem que dava mais valor ao dinheiro do que às pessoas. Após louvar o "administrador desonesto" por ter agido astutamente, ao abrir mão de ganhos no presente para garantir amigos no futuro, ele sugere que seus ouvintes façam o mesmo, mas em longo prazo, usando dinheiro para fazer amigos após a morte e não antes (a segunda parábola mostrava que gastar todo o dinheiro nesta vida deixa a pessoa sem nada na outra).

Jesus acrescentou que é impossível devotar toda uma vida a ganhar dinheiro e servir a Deus ao mesmo tempo; um ou outro acaba sendo desprezado, geralmente Deus. Os fariseus ridicularizaram abertamente sua lógica. Eles se consideravam perfeitamente capazes de atingir suas metas financeiras e espirituais simultaneamente. Veementemente, Jesus os acusou dizendo que eles podiam impressionar aos homens, mas não a Deus. Ele disse-lhes que o que tinha valor para os homens era detestável aos olhos de Deus, pois não tinham entendimento das suas próprias Escrituras, não reconheciam o ministério de João (aquele que batizava) ou a vinda do Reino dos céus (outras pessoas estavam mais desejosas e determinadas a alcançá-lo). Em vez disso, eles estavam preocupados com as minúcias da lei mosaica, tão ocupados com a letra, que não estavam ouvindo o Espírito (considerando o tom sarcástico do v. 17).

Em seguida, Jesus introduz seus comentários sobre o divórcio. Geralmente, são os bem-sucedidos nos negócios que trocam suas esposas por "modelos" mais novos. A riqueza torna as pessoas insatisfeitas como o que elas já possuem. Isso significa que trocar de parceiro era um hábito muito comum na vida dos ricos fariseus, que mantinham a consciência limpa, ofertando a Deus um décimo das hortaliças de seus jardins (Lucas 11.42). Eles certamente achavam que era correto se divorciar e se casar novamente, mas para Jesus isso era errado. É importante perguntar *por que* ele pensava dessa forma.

Em síntese, era um pecado contra Deus, o desrespeito a uma de suas leis. Porém, uma lei extremamente importante. Era a sétima das "dez palavras" que o próprio Deus havia escrito, a que proibia o adultério.

Poucos parecem perceber todas as implicações do que Jesus estava dizendo. O adultério é um pecado cometido por pessoas *casadas*, quando têm relação sexual com alguém que não seja seu cônjuge. Isso significa que todos aqueles que se divorciaram, mesmo que da forma adequada, *ainda estão casados aos olhos de Deus*. O relacionamento permanece. Não foi desfeito. Eles não estavam livres para se casarem novamente. A primeira "aliança" se mantém válida. Ela foi traída, mas não cancelada. O divórcio pode ser reconhecido pelas leis dos homens, mas não pelas leis divinas. Não basta dizer isso com frequência e ênfase; é por isso que dissemos de várias maneiras diferentes.

Outro aspecto que devemos observar é que a surpreendente declaração de Jesus não era dirigida somente a seus seguidores, aos fariseus ou, até mesmo, aos judeus em geral. Ela servia para "qualquer um" (literalmente, para "todos") e para ambas as partes, divorciado e divorciada, que estariam cometendo adultério caso se casassem novamente. Além disso, o tempo verbal empregado em "cometendo adultério" é o presente contínuo, que significa "continuar a fazer algo". Alguns já tentaram dizer que somente o ato inicial de casar-se novamente e a primeira união física do casal são considerados adultério, mas Jesus inclui todas as relações sexuais subsequentes. Para falar com franqueza, casar-se novamente após se divorciar é bigamia aos olhos de Deus. O casamento não é válido.

Uma última observação: tanto a abordagem quanto o contexto do evangelho segundo Lucas indicam que ele escrevia para leitores gentios, e, em particular, para um cujo título sugere que ele poderia ter sido um juiz ou um advogado no julgamento de Paulo em Roma (Teófilo). Seu segundo volume, o qual chamamos de Atos, confirma essa ideia.

Antes de partirmos para o próximo relato, há outra passagem que mantém uma relação indireta com o assunto que estamos discutindo.

Lucas 20.27-35 (leia)

Esta passagem trata de outro grupo de judeus chamados de saduceus (um grupo rotulado, como qualquer outra denominação). Se os fariseus eram conservadores em sua crença e seu comportamento, os saduceus eram a ala liberal. Os fariseus acreditavam na ressurreição e os saduceus não. Eles achavam essa ideia estranha.

Talvez, para descobrir com qual grupo Jesus mais se identificava, ou mais provavelmente para ridicularizar sua simpatia com o outro grupo, eles apresentaram um enigma para Jesus, com base em uma lei que estabelecia que se um homem morresse e deixasse uma viúva sem filhos, seu irmão tinha a obrigação moral de se casar com ela e dar-lhe filhos para preservar seu nome e suas posses (Deuteronômio 25.5-6; o texto não menciona se o irmão era solteiro ou casado, então presume-se que a bigamia era permitida nessas circunstâncias).

Ao desafiar os ensinamentos de Jesus como rabino (mestre), os saduceus arquitetaram uma situação na qual uma esposa havia perdido sete maridos, todos irmãos, sem ter tido nenhum filho e herdeiro. Estatisticamente improvável, mas teoricamente possível! Uma vez que "ressurreição" significava recriação do corpo e não imortalidade da alma, a pergunta principal era qual irmão a teria como esposa (isto é, parceira sexual) na ressurreição? Posso imaginar os sorrisos maliciosos que trocaram entre si enquanto esperavam a resposta. Te pegamos!

Jesus respondeu rapidamente. A pergunta tinha como fundamento o falso pressuposto de que os casamentos sobreviviam à morte, baseado na ignorância do poder divino que era capaz de criar diferentes tipos de corpos, eternos, que não precisavam se reproduzir ou ser substituídos e eram, portanto, como os anjos assexuados que foram criados e permanecem imortais.

Jesus então desafiou o cinismo dos saduceus lembrando-os de que o Deus de Abraão, Isaque e Jacó era o Deus dos vivos e não dos mortos. Os patriarcas continuavam bem vivos, porém não mais casados.

O motivo de incluir esse trecho é mostrar que Jesus claramente acreditava que o casamento não tinha continuidade após a morte e nunca seria restabelecido como um vínculo exclusivo entre um homem e uma mulher. Em outras palavras, o vínculo do casamento não é indissolúvel. O divórcio não o extingue, mas a morte de um dos parceiros com certeza o faz. Jesus não contestou a suposição de que, após a morte de cada um dos maridos, a esposa estava livre para se casar novamente. Ele somente rejeitou a dedução de que os vínculos do casamento seriam mantidos na ressurreição.

Resumindo o que Lucas registrou sobre os ensinamentos de Jesus: casar-se novamente é adultério, a menos que...o cônjuge tenha morrido.

Marcos 10.1-12 (leia)
No relato de Marcos encontramos uma explicação mais completa do que Jesus pensava sobre o assunto, revelada em uma discussão entre o próprio Jesus e alguns fariseus. Desta vez, são eles que tomam a iniciativa e introduzem o assunto. Marcos deixa claro que as pessoas que estavam fazendo a pergunta não eram sinceras. Elas estavam "testando" (literalmente, "provocando") Jesus: esperando que Jesus fosse se meter em apuros quando expressasse sua opinião.

Mas como? A resposta talvez resida no local onde a discussão se deu; na margem leste do rio Jordão. Eles estavam em território de Herodes Antipas, que havia sido responsável pela execução de João Batista, instigada por sua esposa Herodias, que guardava um imenso rancor porque João Batista havia denunciado em público o casamento "ilegal" dos dois. Os adversários de Jesus estavam esperando que Jesus tivesse uma morte semelhante por causa disso?

Ou simplesmente esperavam que, qualquer que fosse a opinião de Jesus, ela divergiria de grande parte do público, não importando se adotasse a visão conservadora de Shamai ou a abordagem flexível de Hilel (descritas no capítulo 4). Qualquer que fosse a razão, eles estavam, com certeza, armando uma cilada para Jesus. Contudo, Jesus tinha alguma prática em se esquivar de tais perigos orais, com muita sabedoria.

A narrativa é dividida em duas partes: primeiramente a controvérsia, em público, com os fariseus e depois a conversa, em particular, com seus discípulos.

A CONTROVÉRSIA EM PÚBLICO (versículos 2-9)
As razões para o divórcio estavam sendo acaloradamente debatidas na época de Jesus, aparentemente porque seu índice estava crescendo. Porém, ele não estava sendo

questionado por isso. Eles estavam perguntando se Jesus aceitava o divórcio, não importando o motivo, dentro dos limites de suas leis (ou seja, as leis de Moisés, a Torá). Se fosse contrário ao divórcio, sua resposta o tornaria extremamente impopular entre uma parte do público, se fosse a favor, sua resposta o atiraria na arena da controvérsia.

Jesus respondeu a pergunta com outra pergunta, uma de suas técnicas favoritas (cf. Marcos 11.28-30). Suas palavras foram cuidadosamente escolhidas. Quando citou Moisés, estava se referindo aos cinco primeiros livros da Bíblia, cuja autoria é atribuída a Moisés, conhecidos como Torá pelos judeus e como Pentateuco pelos cristãos. Ele usou o verbo "ordenar" que significa mandar alguém fazer ou não fazer algo. Obviamente, Moisés nunca ordenou que ninguém se divorciasse. O mais próximo que ele chegou disso foi proibir uma mulher divorciada de se casar novamente com o primeiro marido após se divorciar do segundo. Ele também não definiu as razões válidas para o divórcio.

Entretanto, os fariseus argumentaram que Moisés o "permitia" e ouviram como resposta que aquilo era uma concessão, uma permissão temporária para abrandar os "corações endurecidos" das pessoas com as quais Moisés lidava. Isso poderia estar relacionado à rebeldia deles contra Deus ("homens de dura cerviz") ou, menos provavelmente, à implacável raiva que sentiam uns pelos outros. Qualquer que fosse a razão, o objetivo era conter a libertinagem. Não era a última palavra sobre o assunto.

Também não era a primeira. Jesus retoma uma porção inicial da Torá (Gênesis 2.24), que contém o mandamento original de Deus, que se aplica a todos os casamentos em geral. Como vimos (no capítulo 1), no plano de Deus, o casamento deveria ser heterossexual, monogâmico e, acima de tudo, permanente.

O Deus que criou o homem e a mulher (uma referência

a Gênesis 1) tem o direito e a responsabilidade de orientar o relacionamento entre eles (como em Gênesis 2). Ele os lembra de que o casamento é, de certa forma, uma união entre duas *pessoas* que se tornam "uma só carne". De ambos fez um! É um ato de Deus, uma intervenção sobrenatural em todos os casamentos, um milagre. Separar o que Ele uniu é um ato de vandalismo, de destruição da obra do Criador. Jesus está dizendo que um casamento pode ser dissolvido, mas que não deveria. Não que o homem não possa, mas sim que o homem não deve. O matrimônio é sagrado, santo. Dissolvê-lo é um sacrilégio (pecado).

Vale a pena pararmos e perguntarmos por que Jesus está dizendo isso. Para ele, os dias de concessão acabaram. As leis, inclusive as leis de Deus para seu povo, não devem mais ser abrandadas para lidar com a fraqueza e a libertinagem dos seres humanos. É um novo começo. Deus pode não ter levado em conta os tempos da ignorância, mas "anuncia agora a todos os homens, e em todo o lugar, que se arrependam" (Atos 17.30). Os padrões morais de Deus estão sendo elevados novamente, voltando ao "normal". Em vez de moderar as leis de acordo com a natureza humana, a natureza humana será elevada de acordo com os padrões divinos. Essa é a essência da "nova" aliança, profetizada por Jeremias (31.33-34) e Ezequiel (36.26-27), a qual Jesus edificaria por meio de sua morte, ressurreição e ascensão. A "antiga" aliança de Moisés estava se "tornando obsoleta" (Hebreus 8.13). Tudo isso deve ter passado pela cabeça de Jesus quando ele respondeu aos fariseus. Sua resposta tornou a pergunta irrelevante. O divórcio não deveria nem ser discutido!

Os fariseus talvez nem tenham percebido que ele, na verdade, respondeu a pergunta ignorando-a! Eles não podiam ler sua mente e compreender plenamente por que ele adotou uma postura tão radical, que praticamente repudiava o divórcio qualquer que fosse sua razão. Porém, ele não disse isso diretamente. Portanto, eles talvez tenham ficado imaginando se era isso mesmo o que Jesus quis dizer. Os discípulos de Jesus certamente ficaram em dúvida.

A CONVERSA EM PARTICULAR (versículos 10-12)
Quando conseguiram ficar sozinhos com Jesus, seus seguidores mais próximos queriam que ele explicasse sua posição. Será que eles haviam entendido corretamente? Ele estava realmente repudiando qualquer tipo de divórcio e os casamentos pós-divórcio?

Jesus, então, deu uma resposta direta a uma pergunta direta. Essa era uma característica de seu método de ensinar as multidões e, principalmente, seus oponentes: usando enigmas, parábolas que ocultavam a verdade de quem não a buscasse com sinceridade (Marcos 4.9-13). Contudo, para aqueles que ele havia escolhido como discípulos (pupilos) e, eventualmente, apóstolos (pregadores), ele explicou as coisas de forma clara e respondeu a suas perguntas com franqueza. Ele também fez isso desta vez.

Sua resposta é quase idêntica àquela que já discutimos (em Lucas 16.18). Ele oferece a mesma razão principal para sua postura "contrária ao divórcio", ou seja, o divórcio não desfaz um casamento e, portanto, faz com que um segundo casamento seja considerado adultério aos olhos de Deus. Mais uma vez, casar-se novamente é errado. Observem que é um pecado "contra ela" (a primeira esposa) e também contra Deus.

A única diferença é que o texto de Lucas se refere somente a homens que se divorciam de suas esposas. O registro de Marcos inclui enunciados referentes a esposas que se divorciam de seus maridos, o que normalmente ocorria nas sociedades grega e romana. Os princípios de Jesus se aplicam a ambos igualmente.

Outro aspecto que deve ser observado é que a declaração, direta e clara, de Jesus foi dirigida somente aos discípulos, em Marcos, porém, aos próprios fariseus, em Lucas. Jesus se dirigiu aos fariseus bem mais tarde, em sua jornada à Jerusalém, quando estava preparado para enfrentar seus inimigos mais abertamente.

Por fim, com base em evidências intrínsecas e tradições extrínsecas, os estudiosos da Bíblia geralmente concordam que tanto Marcos quanto Lucas se dirigiam principalmente a leitores *gentios*, entre os quais divorciar-se e casar-se novamente eram práticas comuns. Portanto, é importante observar que os ensinamentos de Jesus foram transmitidos sem nenhuma restrição, sem nenhuma "exceção". A proibição era absoluta. Quando analisamos Mateus, o caso é muito diferente. Nem todas as primeiras igrejas tinham os quatros evangelhos, mas nós temos e devemos respeitá-los.

2. A EXCEÇÃO DE JESUS (Mateus)

Diferentemente de Lucas e Marcos, Mateus oferece duas passagens que tratam do nosso assunto (5.31-32 e 19.1-12), sendo que uma delas não se refere aos fariseus. Entretanto, a principal diferença é que ambas as passagens em Mateus incluem uma "exceção", que restringe a regra geral apresentada em dois outros evangelhos "sinópticos" (semelhantes).

Talvez seja por isso que, em geral, nas discussões sobre divórcio, os cristãos rapidamente se voltam para Mateus. Aliás, já me deparei com alguns que sequer têm conhecimento do que Lucas registrou. Será que é por esta razão que nós nos sentimos mais motivados a procurar brechas do que a seguir as leis? Seja qual for o motivo, parecemos mais interessados no que Mateus tem a dizer. Não acredito que seja por se tratar do primeiro evangelho do Novo Testamento ou porque tenha mais conteúdo. Nosso interesse é motivado pela "exceção", que tão rapidamente atrai nossa atenção.

Antes de analisarmos o significado *dessa* exceção que Jesus abriu, precisamos entender o enorme significado de abrir *uma* exceção. Isso transforma um princípio absoluto em um princípio relativo – um princípio que se aplica a todas as pessoas, em qualquer situação, se transforma em um princípio que se aplica a algumas pessoas, em algumas situações. Sua aplicação deixa de ser simples; outros fatores devem ser levados em consideração. Uma proibição "incondicional" se transforma em uma proibição "circunstancial". Lucas e Marcos foram claros e diretos. Mateus tornou tudo bem mais complicado.

É difícil entender como uma exceção pode ser compatível com o apelo de Jesus ao texto de Gênesis 2. Nenhuma exceção foi mencionada nesse livro e, aparentemente, nenhuma foi nem mesmo considerada naquele momento. Jesus citou esse texto, aparentemente, para descartar o divórcio completamente. No entanto, em Mateus, ele retoma o assunto.

Não é de se estranhar que alguns estudiosos tenham questionado a autenticidade dos registros de Mateus. Jesus realmente disse que havia uma exceção ou foi o próprio Mateus quem disse, reafirmando seu argumento: de forma alguma desaparecerá da lei "a menor letra ou o menor traço" (jota ou um til) até que "tudo se cumpra" (5.18), seja qual for o significado disso? A exceção foi inserida inconscientemente ou foi um ato deliberado? Ou teria sido inserida por outra pessoa; uma reprodução de um manuscrito muito antigo?

Há muita especulação entre aqueles que têm plena consciência do problema que expusemos. Não se trata de contradição, mas a inserção dessa exceção criou uma forte tensão entre o que é absoluto e o que é relativo.

O autor está convencido de que a memória e o registro de Mateus estão corretos. Jesus realmente abriu uma "exceção" à sua "regra". Mateus deve ter tido uma razão para tê-la inserido e Lucas e Marcos, por outro lado, não tiveram. Não acho que tenha sido um lapso de memória dos dois. Acredito que a explicação resida nos leitores, ou seja, no público para o qual eles estavam escrevendo. Isso também pode explicar a natureza da "exceção", como veremos a seguir.

Uma diferença é que Lucas e Marcos parecem se dirigir aos incrédulos enquanto Mateus se volta aos convertidos. Mateus usa Marcos como estrutura básica em seu texto, mas um traço exclusivo desse ex-cobrador de impostos é o relato do conjunto dos ensinamentos de Jesus. Existem cinco desses compêndios, todos reunidos em torno do tema o Reino dos céus, nos capítulos:

5-7: o estilo de vida no Reino.
10: a missão do Reino.
13: o crescimento do Reino.
18: a comunidade do Reino.
24-25: o futuro do Reino.

Uma rápida leitura de qualquer um desses "sermões" revela claramente o público a que se destinam (veja 5.11-12; 10.16-18; 13.16-17; 18.18-19; 24.9-13). Todos se dirigem aos que já estão vivendo no Reino, descrevendo as obrigações e os perigos a seus cidadãos, seus "filhos".

É esse o indício que estamos buscando? Deixaria os incrédulos sem nenhuma desculpa para se divorciarem e daria aos crentes o "privilégio" de terem um bom motivo para se divorciarem. Será que Jesus estava propondo a seus discípulos um padrão moral menos rigoroso do que o padrão do mundo? Acho que não! Em todas as outras esferas, ele os convocou a adotar altos padrões de moralidade e prometeu a eles a ajuda necessária para que eles os alcançassem.

Existe alguma outra diferença óbvia entre os registros de Mateus e os de Lucas e Marcos? Sim, existe. Observamos que Marcos e Lucas se dirigiam essencialmente a gentios (não crentes), enquanto que os leitores de Mateus eram primordialmente, mas não exclusivamente, judeus messiânicos.[1] As evidências que levam a essa afirmação são as seguintes:

i. Ele começa citando a genealogia de Jesus, uma abordagem que provavelmente não interessa a um leitor gentio! Logo, Jesus é apontado como "Rei dos judeus", descendente do rei Davi. Há também uma mensagem codificada para os judeus na árvore genealógica de Jesus. Como os romanos, os judeus usavam letras em vez de números (A=1, B=2, e assim por diante) e atribuíam valores numéricos a nomes. Por exemplo, "Davi" era representado como o número 14. Portanto, Mateus apresentou a genealogia de Jesus em três frases com 14 nomes cada: de Abraão a Davi, de Davi ao exílio e, então, do exílio a José.

Isso tudo é muito interessante para os judeus. O autor relembra a ocasião em que um judeu se converteu e declarou sua fé em Jesus como Messias durante uma pregação sobre o texto em questão – Mateus 1.1-17.

Em contrapartida, Lucas, que escreve para gentios, não cita a genealogia até o final do terceiro capítulo, quando remonta a Adão, não a Abraão.

ii. A abordagem de Mateus está mais fortemente relacionada com as Escrituras judaicas (que chamamos de Antigo Testamento) do que com os outros três evangelhos. Somente Mateus cita o protesto de Jesus, que afirma que ele não veio abolir "a lei e os profetas", mas cumpri-las. Mateus apresenta as declarações mais veementes da lei mosaica (versículos 5.18-19, que deixam perplexos muitos cristãos que acreditam que não estão obrigados a cumpri-las), e se regozija com as profecias que se cumpriram na vida de Jesus (geralmente introduzidas com a frase: "Então se cumpriu o que o Senhor disse pelo profeta"; por exemplo, 2.5, 15, 17, 23).

Talvez seja por isso que os registros de Mateus são apresentados antes no Novo Testamento, embora não tivessem sido os primeiros a serem escritos. É uma excelente associação com o Antigo Testamento, logo após Malaquias em nossas bíblias.

iii. Ele emprega o termo "Reino dos céus" e os outros evangelhos usam "Reino de Deus". Certamente ele não está se referindo a outro reino, como alguns analistas tentaram provar. Textos idênticos provam que ele deliberadamente alterou as palavras do próprio Jesus. Por que ele faria isso?

Por causa de sua traumática experiência no exílio, os judeus se tornaram hipersensíveis aos riscos de usar o nome de Deus em vão. Eles pararam de usá-lo, substituindo-o por eufemismos como "céu" (como na expressão "que o céu nos ajude"). Até hoje, ninguém sabe como pronunciar o nome que Deus mencionou a Moisés, representado em hebraico pelas quatro consoantes JHVH. Com certeza não é "Jeová", mais provavelmente "Javé". Até mesmo a palavra "Deus" é impressa como "D-us" na mídia judaica.

Se Mateus sabia desse zelo e tinha em mente os leitores judeus, essa seria a explicação óbvia para sua alteração. Ele estava tentando evitar uma ofensa gratuita, que os levaria a não ler suas "boas-novas".

iv. Ele reuniu os ensinamentos de Jesus em cinco discursos, como observamos. Teria sido um reflexo inconsciente ou, mais provavelmente, consciente dos cinco livros de Moisés na Torá judaica? Ele está sugerindo que Jesus seria o novo legislador, o cumprimento da profecia do próprio Moisés (em

Deuteronômio 18.15; cf. João 6.14; Atos 3.22-23)?
É curioso que o primeiro e o último sermão foram proferidos "no monte", uma evocação de Moisés no Monte Sinai.

v. Ele alterou o ensinamento de Marcos sobre o divórcio, tanto de homens quanto de mulheres que tomam a iniciativa, referindo-se somente ao divórcio iniciado por homens; um costume na cultura judaica.

****

Já usamos muitos argumentos que sustentam o enfoque principal de Mateus. Agregando as duas principais diferenças entre Mateus, por um lado, e Lucas e Marcos, por outro, podemos dizer com alguma segurança que seu evangelho foi escrito com a intenção de alcançar um público formado por judeus messiânicos. Isso seria compatível com a tradição oral de que o evangelho segundo Mateus apareceu pela primeira vez na época em que a terra de Israel estava ocupada pelos romanos, entre as igrejas da época. Com frequência nos esquecemos de que as primeiras igrejas eram frequentadas por judeus e, certamente, eram consideradas seitas judaicas. Aliás, um manuscrito de Mateus, mantido na biblioteca do Magdalen College em Oxford, mostra que ele foi escrito antes da grande ruptura entre igrejas e sinagogas, entre o cristianismo e o judaísmo.

Vocês, leitores, devem estar impacientes com esta mudança de foco (distração?), uma vez que nos detemos demoradamente no cenário judaico do evangelho segundo Mateus. Porém, se isso explicar por que a "exceção" de Jesus se encontra somente no evangelho de Mateus e não em

Marcos ou Lucas, terá valido a pena com certeza. Com tudo isso em mente, podemos agora estudar as duas importantes passagens em detalhe.

Mateus 5.31-32 (leia)
Como parte do famoso Sermão do Monte, para compreendermos o primeiro discurso sobre o Reino, sobre seu estilo de vida, é crucial analisarmos um contexto mais amplo.

O sermão era originalmente voltado somente aos discípulos, que subiram com Jesus ao monte, longe das outras pessoas (5.1), mas ele acabou sendo ouvido pelo público em geral (multidões), que o havia seguido (7.28). Essa mudança influencia o seu conteúdo (compare 5.13-16 e 7.13-14).

O sermão começa discorrendo sobre o que os cidadãos do Reino precisam ser, em vez de fazer, para se tornarem o sal e a luz da comunidade, instrumentos de Deus e abençoados por Deus. Seu estilo de vida deve ser apropriado, sua "justiça" deve ir além das ações externas corretas exigidas pela lei e exemplificadas pelos fariseus. Deve vir da motivação interior correta, de um coração puro. Jesus então traça uma série de comparações entre o que seus ouvintes ouviram de outros mestres sobre as leis de Moisés e o que ele "diz" sobre elas. Sua autoridade superior ("mas Eu vos digo"), em comparação com a autoridade secundária deles (a opinião dos principais rabinos), deixará marcas profundas (7.28-29).

Sua forma de aplicar a "lei" à vida diária é mais profunda, mais rígida e muito mais difícil de ser mantida do que as interpretações tradicionais. Observe o sexto mandamento, por exemplo, "Não matarás" (Êxodo 20.13, melhor tradução seria "Não assassinarás", uma vez que o castigo era a pena de morte, que outros tinham de "executar"; Êxodo 21.12). Jesus salienta que o assassinato, ato de matar intencionalmente, é a fase final de um processo que se inicia em um coração repleto de ódio ou desprezo. Como Deus é capaz de enxergar dentro de uma pessoa, esses sentimentos já infringiram sua lei e mereceram seu julgamento. Existem muito mais assassinos ao nosso redor do que imaginamos. Eles somente não têm os meios, a oportunidade ou a coragem para agir. Se o olhar matasse!

O mesmo se aplica ao adultério. Vem de dentro, geralmente incitado pelo que se chama no Novo Testamento de "a cobiça dos olhos" (1João 2.16). Olhar para uma mulher, ou até mesmo pensar em ir para a cama com ela, é o início na trajetória do adultério, mesmo que ele nunca venha a se concretizar fisicamente. Poucos homens conseguem ler essa afirmação sem sentir peso na consciência. Pouquíssimos têm a firmeza necessária (Jó 31.1).

Porém, existe outra forma surpreendente de desobedecer ao sétimo mandamento, que Jesus, em seguida, criticou: as vias legais, diferente da forma física e da mental. Esse é o tema da nossa primeira passagem em Mateus e o resultado de se divorciar de um parceiro.

É nesse contexto que observamos a primeira menção a uma exceção. Contudo, antes de a examinarmos, precisamos saber o que é uma exceção à regra. Em outras palavras, primeiramente devemos estudar a sentença que contém a "exceção", ler a sentença sem essa restrição. O verbo principal é "tornar alguém culpado de adultério", ou seja, outra pessoa é responsável pelo delito. Nesse caso, foi o marido quem tomou a iniciativa de se divorciar de sua esposa. Com isso, ele a *tornou* uma adúltera.

Como ele fez isso? Pode ser que ele tenha dado a ela essa reputação, uma vez que é possível supor que esse foi o motivo da separação, lembrando que a escola de Shamai ensinava que o adultério era a única razão válida para um divórcio. É mais provável que seja uma referência ao fato quase certo de que ela tenha se casado novamente. Em uma época em que as mulheres não podiam trabalhar fora de casa, ter uma profissão, e não havia nenhum tipo de assistência social para mulheres solteiras, sua maior esperança de obter ajuda e segurança era encontrar um segundo marido.

Jesus foi extremamente coerente ao condenar o casamento após o divórcio e considerá-lo adultério. Como vimos, o divórcio não desfaz o vínculo do casamento, portanto, é um pecado cometido por uma pessoa casada. Além disso, um homem que se casa com uma mulher divorciada também foi levado a cometer adultério, uma vez que ela continua sendo uma mulher casada aos olhos de Deus. Portanto, o homem que se divorciou de sua esposa é diretamente responsável por deflagrar uma série de adultérios, levando outros a transgredir o sétimo mandamento, mesmo que ele próprio (tecnicamente, no papel) não o tenha transgredido. Porém, Deus o responsabilizará pelo casamento de sua esposa com o segundo marido.

A menos, é claro, que sua esposa já fosse culpada e tivesse sido descartada por isso. Mas culpada de quê? O problema é que Jesus *não* usa a palavra "adultério" (em grego, *moicheia*), nesse contexto, para discorrer sobre o divórcio propriamente dito, mas ele a usa imediatamente depois, quando fala sobre um segundo casamento.

Jesus usou outra palavra para designar o motivo original do divórcio: a palavra grega *porneia*, traduzida como fornicação na versão King James. Isso gerou muitas discórdias e discussões intermináveis. Pedimos a compreensão dos nossos leitores, uma vez que vamos examinar o significado dessa palavra somente quando nos depararmos com ela novamente em Mateus 19, onde ela é empregada em um contexto mais relevante ao nosso tema.

Por enquanto, basta dizer que *porneia* se refere a um

comportamento considerado sexual e pecaminoso. Com essa definição simplificada, podemos resumir o que Jesus está dizendo aqui. Ele está preocupado principalmente com as formas de violação do sétimo mandamento. A violação pode se dar de forma física, mental e legal. Nesse último caso, levando *outros* (uma mulher divorciada e seu segundo marido) a iniciar um relacionamento adúltero, mesmo sem ele próprio ter cometido o adultério.

O único caso em que um marido divorciado *não* é considerado responsável é quando a esposa já estava vivendo um relacionamento sexual pecaminoso *antes* do divórcio. Nesse caso, o marido não é considerado responsável pela subsequente imoralidade da esposa. Ela já havia escolhido seguir esse caminho. É simples assim.

Obviamente, está implícito, embora não tenha sido expressamente afirmado, que o divórcio se justificava no caso da infidelidade da mulher e, portanto, era permitido. Em tais circunstâncias, o divórcio *poderia* ocorrer, mas não há nenhum indício de que Jesus pensasse que ele *deveria obrigatoriamente* ocorrer, conforme a cultura judaica. Certamente, como parte de um sermão que continha tantas exortações aos ouvintes para que ignorassem insultos e injustiças, oferecessem a outra face e dessem uma segunda oportunidade, se reconciliassem com Deus antes de adorá-lo, perdoassem antes de esperarem ser perdoados, orassem por seus inimigos e abençoassem aqueles que os fizessem sofrer, Jesus, com certeza, via o divórcio como um último recurso.

Na outra passagem, observamos uma discussão franca das razões válidas para o divórcio e, novamente, nos deparamos com a "exceção", embora seu enunciado seja um pouco diferente (em vez de "a não ser por causa de" lemos "exceto por"). Devemos examinar o significado de *porneia* mais cuidadosamente nesse contexto.

Mateus 19.1-12 (leia)
O primeiro ponto a ser salientado é que esse relato é tão parecido com o que encontramos em Marcos (10.1-12) que deve estar se referindo ao mesmo evento. Ele ocorre no mesmo local, na margem leste do rio Jordão (território de Herodes), no mesmo período, durante a última viagem à Jerusalém, e com os mesmos protagonistas, os fariseus. Na verdade, o enunciado é tão semelhante que muitos estudiosos acreditam que Mateus tenha copiado Marcos.

Contudo, existem claras indicações de que ele não copiou o texto fielmente ou literalmente, mas o adaptou de acordo com sua finalidade e seu público leitor. Existem algumas diferenças significativas, até mesmo discrepâncias, entre os dois relatos. A mais óbvia é que, embora ambas as narrativas incluam as duas fases, a controvérsia, em público, com os fariseus e depois a conversa, em particular, com seus discípulos, o conteúdo da segunda parte é completamente diferente, o que pode ser considerado um aspecto complementar e não contraditório.

Na discussão em público, as menções às leis de Moisés e ao foco de Jesus na criação foram invertidas, embora isso não afete significativamente o curso da narrativa. Com relação a Moisés, dois verbos foram intercambiados: os fariseus usam o verbo "ordenar" e Jesus usa o verbo "permitir". Mateus omite as palavras "contra ela" em sua crítica ao divórcio e ele faz as únicas referências a mulheres que se divorciam de seus maridos.

Talvez, a diferença mais relevante seja na narrativa da primeira pergunta que os fariseus fazem para testar Jesus. Em Marcos, eles simplesmente perguntam se o divórcio é "permitido". Ou seja, todos os casos são contemplados pelas leis de Moisés? É uma pergunta geral. Em Mateus, foi acrescentada a locução "por qualquer motivo". Essa locução faz com que a pergunta se torne específica, uma vez que ela provavelmente se refira à escola de Hilel e sua visão mais liberal, em contraste com o ponto de vista restrito e conservador do rabino Shamai (somente em caso de adultério). Na versão de Mateus, parece que os fariseus estão tentando fazer com que Jesus revele sua posição quanto ao assunto em discussão e, consequentemente, ofenda uma das partes com sua resposta. De fato, se a "exceção" for interpretada como "em caso de adultério", Jesus estaria concordando com Shamai, embora isso dificilmente explicasse a reação de perplexidade dos discípulos. Porém, estamos nos precipitando.

Independentemente da exceção, a narrativa de Mateus concorda, em essência, com a de Marcos, portanto, tudo o que dissemos sobre isso é válido e não precisa ser repetido. São as principais diferenças que precisam ser estudadas atentamente, a saber, a "exceção" e a conversa com os discípulos.

Primeiramente, vamos analisar a exceção. Já salientamos que Jesus não usou, na frase em si, a palavra *moicheia*, do grego, para designar o adultério, mas ele a emprega imediatamente após, na mesma sentença. Se ele o tivesse feito, teria nos poupado muita tinta e conversa fiada. É claro que Jesus não falou em grego, mas podemos supor que o termo empregado por Mateus traduzia uma palavra do hebraico ou do aramaico que Jesus usou. Portanto, vamos supor que Mateus tenha usado a palavra *porneia* na exceção; o que isso significaria para ele e seus leitores? Para simplificar, vamos usar a tradução da versão autorizada da Bíblia King James: fornicação. As palavras "fornicação" e "adultério" podem estar relacionadas de três formas possíveis.

i. Elas têm o *mesmo* significado e são sinônimos que podem

ser empregados de igual modo neste contexto. Imaginem um círculo que contém as letras "F" e "A".

ii. Elas têm significados que se *sobrepõem*, de alguma maneira; geralmente se imagina que um inclui o outro, mas não são excluídos outros significados. Imaginem um círculo menor, identificado com a letra "A", dentro de um círculo maior, identificado com a letra "F".

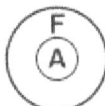

iii. Elas têm significados bem diferentes, o que seria representado por dois círculos, um ao lado do outro, um identificado com a letra "F" e o outro com a letra "A".

Esses três diagramas abrangem todas as interpretações relevantes da exceção e devemos analisar cada uma delas separadamente.

i. MESMO SIGNIFICADO

A maioria das traduções atuais da Bíblia, em português, atribuem, presumem ou sugerem o mesmo significado para os dois vocábulos. A Nova Versão Internacional é genérica e os traduz como "imoralidade sexual". Muitas igrejas e muitos cristãos, por séculos, têm aceitado essa interpretação. A alteração da terminologia, a substituição de "fornicação" por "adultério", é desprezada por não ter importância teológica e considerada simplesmente um exemplo de variedade literária, o que se atribui muito mais aos escritos de Mateus do que aos discursos de Jesus.

Essa abordagem facilita o trabalho pastoral. Foi ou não foi cometido o adultério? Se houve adultério, divorciar-se e casar-se novamente pode ser uma prática permitida e aprovada. Se não houve adultério, o divórcio e novo casamento não são permitidos.

Entretanto, essa interpretação está sujeita a deturpações, de, pelo menos, duas formas possíveis. Primeira, o adultério pode ser cometido de forma intencional, com o objetivo de se obter o divórcio. Na época em que o adultério era considerado, na lei inglesa, um motivo legítimo para o divórcio, era uma prática muito comum entre os londrinos visitar certos hotéis em Brighton, que providenciavam uma camareira para passar a noite com quem pretendesse se divorciar e uma declaração, por escrito, de que eles haviam sido "flagrados" juntos na cama!

Segunda, quando o adultério é cometido *depois* que o casamento se desfaz e o casal se separa e, *somente então*, é citado como justificativa para o divórcio, ele, com certeza, é muito mais uma desculpa do que um motivo.

Esses dois artifícios fictícios figuravam entre os argumentos usados nos anos de 1960 para burlar a lei vigente de causa comprovada para uma única: "dissolução irremediável do casamento". Isso também atestava a dificuldade de provar a culpa ou a inocência das partes.

ii. SIGNIFICADOS SOBREPOSTOS

A sobreposição geralmente é representada por um círculo menor dentro de um círculo maior. A palavra "fornicação" é atribuída a todos os exemplos de sexo ilícito, tanto para pessoas solteiras como casadas, enquanto a palavra "adultério" designa somente infidelidade conjugal, ou seja, o ato de ter relações sexuais com outra pessoa que não o seu próprio cônjuge.

Essa é a interpretação mais amplamente aceita principalmente porque "fornicação" (em grego *porneia*) parece se referir a pessoas solteiras e casadas no Novo Testamento, especificamente no livro do Apocalipse (2.21; 9.21; 14.8; 17.2, 4; 18.3; 19.2).

Além das anomalias citadas acima (na seção 1 Mesmo Significado), essa interpretação gera mais problemas.

Primeiro, ela oferece uma gama mais ampla de motivos válidos ou justificativas. Incluem-se: incesto, pedofilia, homossexualidade e até mesmo bestialidade (zooerastia). Se ela incluir o ato de atingir orgasmo com qualquer pessoa ou coisa que não seja o cônjuge, a masturbação poderia ser inserida na lista?

Segundo, como Jesus pregou que o adultério em pensamento é um pecado tão grave quanto o ato em si, o que dizer de revistas e filmes (na televisão) pornográficos ou até mesmo de um flerte?

E quanto ao adultério "espiritual", como o que Israel cometeu quando "foi atrás de outros deuses"? O divórcio é justificável quando um dos cônjuges muda de religião? Ou quando um deles se desvia? Devemos estudar esses casos novamente em 1Coríntios 7.12.

É típico da frágil natureza humana buscar brechas na lei e, então, distorcer seu princípio. Não é de se estranhar que aqueles que aprovam o significado mais abrangente da palavra "fornicação" pressionem para a inclusão de outras transgressões. Eles fazem perguntas incisivas, como: Por que Jesus mantém o foco no pecado sexual e, consequentemente, a igreja não se tornou obcecada com isso? Ele não teria considerado a violência física e psicológica igualmente prejudiciais ao casamento? E quanto a negligência, incompatibilidade, problemas financeiros e outras tantas causas da dissolução dos casamentos?

Toda essa fértil especulação sobre o que Jesus pode ter pensado acarreta o risco de colocarmos nossas próprias palavras em sua boca ou nossas ideias em sua cabeça. A conclusão inevitável é a de que ele aprovaria a maioria dos casos, senão todos, de divórcio e segundo casamento. E alguns cristãos estão mesmo afirmando isso, em nome de sua "compaixão", até mesmo, ou principalmente, para pecadores confessos. Definitivamente, o adultério não é um pecado imperdoável!

Aceitar o fato de que a "fornicação" se iguala ao adultério ou o engloba pode ser o primeiro passo em um caminho perigoso, fácil de trilhar e difícil de distinguir e descontinuar, como muitos já descobriram. Essa é mais uma razão para considerarmos uma terceira possibilidade.

iii. SIGNIFICADOS DIFERENTES

Essa acepção pressupõe que Jesus tenha intencionalmente escolhido usar palavras diferentes com relação à "exceção", uma (*porneia*) quando falava sobre o divórcio, e outra (*moicheia*) quando falava sobre casar-se novamente.

Com base nas Escrituras, a razão de se fazer a distinção entre as duas reside no fato de que elas são apresentadas separadamente, embora uma ao lado da outra, em listas de pecados e pecadores, tanto por Jesus quanto pelos autores apostólicos (leia Mateus 15.18; Marcos 7.21; 1Coríntios 6.9; Hebreus 13.4). Isso elimina a possibilidade de terem significados idênticos e torna improvável que tenham significados sobrepostos.

Portanto, o que diferencia "fornicação" de "adultério"? Deve haver alguma diferença entre os dois termos. A resposta mais simples e lógica é que uma se refere a sexo ilícito *depois* do casamento e a outra se refere a sexo ilícito *antes* do casamento. Essas são, com certeza, as definições de ambas em português. O Dicionário Oxford de inglês define fornicação como "relação sexual voluntária entre pessoas não casadas" e adultério como "relação sexual voluntária entre uma pessoa casada e outra pessoa que não o seu próprio cônjuge" (tradução livre), sendo que o adjetivo "voluntário" elimina a possiblidade de estupro em ambos os casos. O uso das palavras na versão em inglês reflete seu uso na versão em grego (traduzida do latim)? É possível.

Muitas pessoas talvez não percebam como é importante essa interpretação de "fornicação", principalmente na época de Jesus. Vamos analisar os seguintes argumentos.

a. Isso explica por que a exceção é encontrada somente em Mateus. Já vimos que esse evangelho foi escrito principalmente para o público que frequentava as primeiras igrejas, constituído, em grande parte, por judeus. A cultura judaica era um fator muito importante a ser considerado, como, de fato foi nas exigências do Concílio de Jerusalém (Atos 15.28-29). Curiosamente, abster-se de fornicar (a mesma palavra *porneia*) é uma das três coisas que os gentios convertidos são exortados a praticar em consideração ao zelo dos judeus, mas, com certeza, isso é uma incumbência de qualquer pessoa convertida, judeu ou gentio. Contudo, a cultura judaica baseava-se na lei mosaica, que exigia que a noiva fosse virgem, sob pena de ser condenada à morte (Deuteronômio 22.20-21). A perda da virgindade era "comprovada" caso (o mais óbvio) a futura esposa engravidasse antes do casamento ou caso ela não sangrasse quando o casamento fosse consumado.

Na época de Jesus, a punição já havia sido amenizada, passando de pena de morte a divórcio, embora ambas fossem obrigatórias. Isso quase aconteceu com os próprios pais de Jesus, José e Maria, fato também registrado em Mateus (1.19). Uma vez que o noivado era um compromisso com o casamento, desfazê-lo era equivalente a "divorciar-se". José, que era um homem justo (íntegro e correto) decidiu se divorciar de Maria de maneira discreta, para refrear os boatos e mitigar sua consequente humilhação. Como seu homônimo, ele recebeu a revelação divina em um sonho. Convencido pelo anjo de que Maria não havia sido infiel, ele imediatamente se casou com ela, e assumiu a culpa por sua gravidez.

b. Isso também explica por que não há registro da "exceção" em Marcos ou Lucas. Ambos tinham como público leitores gentios. Nem a cultura grega nem a romana exigiam que a futura esposa fosse virgem ou instituíam qualquer punição pela perda da virgindade. Esses autores talvez tenham se lembrado da exceção de Jesus, mas não acharam necessário registrá-la.

c. Isso também explica a reação de perplexidade dos discípulos durante os ensinamentos de Jesus ("Se estes são os termos para o marido e sua esposa, não é vantagem casar!" – Mateus 19.10).

Se Jesus tivesse simplesmente concordado com a postura conservadora do rabino Shamai (somente em caso de adultério), e rejeitado a visão liberal de Hilel (por qualquer que fosse o motivo), isso talvez tivesse sido esperado e aceito por seus discípulos. Porém, supondo que eles tenham entendido que Jesus quis dizer que o vínculo do casamento somente poderia ser desfeito em razão de algo que acontecesse antes e não depois do casamento, o tom e o conteúdo de seus comentários são totalmente compreensíveis. Se não dá para sair de um casamento, melhor não entrar!

Já observamos que a versão de Mateus da conversa em particular com os discípulos após a discussão em público com os fariseus é completamente diferente da versão de Marcos. Elas são complementares e não contraditórias, com o registro de sucessivas partes da discussão. Em Mateus, Jesus aborda detalhadamente o celibato, que é um assunto tão tangente ao tema principal do divórcio que alguns estudiosos pensam que ele vem de um contexto diferente. Isso ocorre porque eles não entenderam o que Jesus disse em seguida.

Sua resposta inesperada à estupefata e chocante conclusão dos discípulos foi, literalmente, a seguinte: "Nem todos conseguem aceitar esta palavra" (do grego, *logos*). A que "palavra" (dizeres/conversas/argumentações) ele se refere, a sua ou a deles? Muitos dizem que ele se refere a sua própria palavra (versículo 8-9); uma teoria sustentada pela tradução da palavra "logos" como "ensinamento" na Nova Versão Internacional. Contudo, isso interrompe o fluxo dos comentários de Jesus. Atribuir a palavra à reação dos discípulos faz mais sentido considerando o que se segue.

Os discípulos pressupõem que o celibato seja uma opção fácil, uma escolha simples e fruto da vontade interior. Quando afirma que o celibatarismo é concedido, Jesus está enfatizando a necessidade de um fator externo que sustente um estilo de vida menos natural e mais difícil do que o casamento. A alguns, o celibatarismo natural foi concebido ao nascerem. Para outros, a vida celibatária foi imposta (por não ser dada a possibilidade de se casarem ou em razão da castração). No entanto, a alguns foi concedida a graça de renunciar (um ato penoso) ao casamento por causa do Reino dos céus, como aconteceu com o próprio Jesus. A afirmação se inicia e é concluída com o mesmo verbo: "Quem for *capaz* de receber esse conceito, que o receba (celibato)". Jesus está sugerindo que o casamento é a opção normal para a maioria das pessoas, embora os discípulos o vejam como uma sentença perpétua.

d. Isso diminui a tensão existente entre os registros de Mateus e os de Marcos e Lucas. Se a palavra "fornicação" se refere à promiscuidade pré-matrimonial, os evangelhos sinópticos são compatíveis. *Nada* que aconteça após o casamento pode justificar o divórcio e, portanto, casar-se novamente após o divórcio, em *qualquer* situação, é adultério. Os padrões de Jesus são absolutos, não relativos.

Para muitos, isso pode parecer "extremo", "cruel", "sem compaixão". Tudo isso já foi atribuído a pregadores que defenderam esses princípios. Contudo, o próprio Mateus registra as demandas de Jesus por mais "justiça" (mais ainda do que a exigida pelos judeus mais rígidos) e mais rigor na prática dos Dez Mandamentos. Sua compaixão nunca o levou a rebaixar seus padrões e torná-los acessíveis às pessoas, mas sim a fazer tudo o que tivesse a seu alcance, até mesmo morrer, para elevá-las aos seus padrões. Seus seguidores devem fazer o mesmo.

Os leitores talvez não estejam completamente convencidos com o caso apresentado para a terceira interpretação da "exceção", mas pelo menos uma semente de dúvida sobre a postura tradicional foi lançada. Se assim for, podemos perguntar: a quem devemos conceder o benefício da dúvida, a nosso Senhor ou a nós mesmos, tão ávidos por justificar nossos atos?

Nota do autor: Na década de 1960, fui escolhido para participar da Comissão da Aliança Evangélica para discussão do divórcio e analisar a proposta de substituição, na lei britânica, do termo "causa comprovada" por "dissolução irremediável". Quando eu compartilhei meu ponto de vista sobre o uso da palavra "fornicação" na "exceção", me pediram para elaborar um artigo sobre o assunto para ser discutido em nossa próxima reunião. Eu assim o fiz. Entretanto, o presidente da comissão, John Stott, considerou o "adultério" como motivo e a maioria concordou com ele. Isso foi, posteriormente, registrado no relatório. Como eu era o mais jovem participante da reunião, não tive coragem de exigir um parecer da minoria; um erro de que me arrependo até hoje. Todos foram unânimes quanto à possibilidade de que a nova lei resultasse em um aumento considerável no número de divórcios, o que foi comprovado posteriormente.

Observação

Os leitores que quiserem obter informações mais detalhadas sobre o significado e o uso da palavra "fornicação" no grego clássico, no Novo Testamento e nos primeiros períodos da igreja, devem consultar o excelente trabalho de pesquisa de Daniel R. Jennings, em seu livro *Except for Fornication*, publicado pela Sean Multimedia (disponível em www.seanmultimedia.com), cujo subtítulo é *Why Evangelicals Must Reevaluate their Interpretation of Matthew's Divorce Exception Clause*. Ele apresenta argumentos pertinentes ao restringir o ato de fornicação a pecadores solteiros.

3. O EXEMPLO DE JESUS (João)

Todos os estudiosos da Bíblia conhecem as diferenças existentes entre os evangelhos "sinópticos" (Mateus, Marcos e Lucas) e o evangelho segundo João, com frequência chamado de "o quarto evangelho" (é o quarto na Bíblia e foi o quarto a ser escrito, muito depois dos outros). As diferenças podem ser descritas de várias formas. Os evangelhos sinópticos contêm parábolas sobre o Reino dos céus e o de João não. O evangelho de João inclui as sentenças iniciadas com "Eu sou" e os outros três não. Os três primeiros são registros do que Jesus *fez e disse*. João está mais preocupado com o que Jesus *era*.

João é o único autor a declarar seu objetivo (20.30-31). Esse fato geralmente é mal interpretado, uma vez que o tempo verbal empregado no versículo é o "presente contínuo" do grego, que significa "continuar a fazer algo". Ele não estava escrevendo para convencer os incrédulos a passarem a crer, mas para ajudar os que criam a continuar crendo, que ele *era* o Filho de Deus; e continuar crendo que eles alcançariam a vida eterna (o mesmo tempo verbal é encontrado em 3.16). Ele estava escrevendo na cidade de Éfeso como forma de rechaçar uma heresia disseminada por Cerinto, que afirmava que Jesus não era nem humano nem divino, mas sim um meio termo entre as duas formas. Para corroborar a divindade de Jesus, João citou as sete testemunhas (de João Batista até Tomé), os sete milagres (todos mais espetacularmente divinos do que os descritos nos evangelhos sinópticos) e os sete enunciados sobre quem era Jesus (de "pão da vida" até "caminho", "verdade" e "vida").

Porém, a principal diferença entre os evangelhos, a que é relevante em nossa discussão, é a mudança de público, a transição de multidões para indivíduos. Jesus dedica-se a ambos e algumas de suas mensagens mais memoráveis foram dirigidas a um único indivíduo. Dois exemplos vêm à mente: a mulher no poço e a mulher flagrada em adultério.

João 4.4-42 (leia)

Os samaritanos eram filhos de casamentos mistos, entre judeus que fugiram das deportações de Israel para a Assíria e de Judá para a Babilônia, e cananeus que permaneceram na terra. Os judeus que retornaram do exílio os desprezavam, e até mesmo os odiavam, tanto que os galileus que peregrinavam por Jerusalém preferiam pegar o caminho mais longo para chegar à margem leste do rio Jordão em vez de passar pela Samaria, atravessando novamente em Jericó. Tudo isso torna a parábola do bom samaritano mais comovente e cativante.

Jesus "teve" de pegar o atalho (não sabemos a razão), que o levou diretamente a se encontrar com a má samaritana. Ela tinha ido retirar água de um poço no horário mais quente do dia, possivelmente com a intenção de não encontrar outras pessoas. Como ela ficou surpresa com o fato de Jesus pedir água para beber (porque, segundo João, "os judeus não se dão bem com os samaritanos"), Jesus falou que ele poderia e queria dar a ela algo muito mais nobre para beber: a "água viva". Ele estava se referindo ao Espírito Santo (7.39), mas ela não estava interessada e fez uma brincadeira petulante e evasiva sobre sua jornada diária até o poço.

Estava na hora de chamar sua atenção para que ela levasse o assunto a sério. Quando Jesus pediu que ela fosse chamar seu marido, ela disse que não tinha marido. Em uma demonstração inesperada de uma "palavra de conhecimento", Jesus disse que ela já havia tido cinco maridos e que vivia com um sexto homem com o qual não era casada. Essa revelação detalhada a convenceu de que Jesus poderia ser o Messias e ela correu para a cidade para compartilhar com seu povo sua descoberta. Isso fez com que os samaritanos reavivassem sua fé, mostrando-se "maduros para a colheita".

Não ficamos sabendo como ela havia "perdido" cinco maridos. É pouco provável que ela tenha enviuvado cinco vezes. Ela deve ter se separado pelo menos algumas vezes, senão todas. Com certeza, ela estava transgredindo as leis mosaicas (seguidas pelos samaritanos e também pelos judeus; como ocorre até hoje). Viver com alguém sem se casar era considerado fornicação. Por que ela não se casou com o sexto homem? Talvez ela ainda não tivesse se divorciado do quinto marido. Qualquer que fosse o caso, seu estilo de vida havia sido, e ainda era, ilegítimo.

O que gostaríamos muito de saber é se Jesus a aconselhou

sobre seus relacionamentos e, caso isso tenha ocorrido, *o que ele* lhe disse para fazer de forma a corrigir a situação aos olhos de um Deus justo. Infelizmente, não ficamos sabendo. Que frustrante! Existem inúmeras possibilidades. Ele poderia ter dito a ela para voltar para o quinto, ou para o quarto, terceiro, segundo ou primeiro marido. Ou para ela se casar com o sexto homem, ou, ainda, para abrir mão de todos e ficar sozinha daquele momento em diante. Ou encontrar outro homem que cresse em Jesus. Ou até mesmo, no caso dela, por ser uma evangelista tão eficiente, ele a tenha dispensado de seguir suas normas relativas ao divórcio (uma possibilidade que pode parecer absurda, mas que foi apresentada ao autor).

Talvez isso não nos tenha sido revelado porque o objetivo de João é enfatizar a pessoa, o que e quem é Jesus, em vez de transmitir suas lições de vida a seus apóstolos. A situação da mulher samaritana ilustra bem isso (leia novamente os versículos 25-29 e 42).

Talvez haja ainda outra razão pela qual João tenha nos fornecido tão poucas informações sobre a recuperação da vida pessoal da mulher. O Espírito Santo não queria que dependêssemos de nenhum precedente legal para ser usado em situações semelhantes. A natureza humana prefere seguir um manual de soluções a enfrentar o desafio de usar a sabedoria. Jesus Cristo é nossa sabedoria (1Coríntios 1.30).

Contudo, vamos analisar outra passagem que compreende os conselhos de Jesus a outra mulher de vida imoral.

João 8.2-11 (leia)

A primeira coisa a ser dita sobre esse comovente incidente é que ele não é comprovado como os demais relatos do evangelho segundo João. Os primeiros manuscritos gregos não o incluem, de acordo com as notas de rodapé em algumas traduções. Porém, essa passagem soa tão verdadeira, porque tem tudo a ver com o comportamento e as ações peculiares de Jesus, que muitos pregadores não têm nenhuma dúvida ao citá-la como autêntica. No entanto, poucos reconheceram o que Jesus fez pela mulher porque eles não tinham a visão judaica.

A maioria percebe que, quando eles levaram a mulher até Jesus, estavam perseguindo Jesus e não a mulher. Era uma "armadilha" – eles o confrontaram com uma situação na qual, aparentemente, não havia nenhuma escolha. A lei de Moisés certamente impunha a pena de morte por apedrejamento em casos de adultério. Se Jesus se opusesse à lei, no caso da mulher (eles suspeitavam de que ele o faria?), ele seria acusado pelos judeus de violar a lei. Se ele a aprovasse, ele seria acusado pelos romanos de desobedecer a lei romana, que reivindicava os direitos de exclusividade em caso de pena de morte. De qualquer forma, Jesus estaria em apuros.

O foco não é a mulher, mas sim o próprio Jesus e sua sabedoria, que permitiu que ele escapasse da armadilha sem se incriminar. Ele se revelou melhor defensor do que seus oponentes (uma lição que, com certeza, era mais coerente com o propósito de todo o evangelho). Ele poderia ter usado a lei que impunha a morte de *ambos*, do homem e da mulher surpreendidos cometendo adultério (Deuteronômio 22.22), e a mulher havia sido pega em flagrante. Era um caso grave de machismo.

Em vez disso, ele apelou a um costume da cultura judaica no qual ninguém podia ser testemunha em uma acusação na qual era culpado do mesmo crime que o acusado. Muitos devem ter pensado que "estar sem pecado" significava não ter nenhum pecado de nenhum tipo. Somente aqueles que são moralmente irrepreensíveis podem administrar a punição. Isso significaria o fim da aplicação de todos os atos de justiça! Nenhum policial, nenhum pai nunca poderia cumprir suas responsabilidades. Contudo, a fala de Jesus é citada de uma forma que sugere que todo tipo de castigo deveria ser reprimido. Não era isso que ele estava dizendo para os que estavam acusando a mulher, mas o seguinte: "Aqueles que nunca cometeram nenhum ato sexual ilícito estão aptos a julgá-la e condená-la". Evidentemente, os mais velhos admitiram sua culpa, enquanto os mais novos tentaram descaradamente disfarçar. Finalmente, até eles foram embora. Aliás, esse princípio de que alguém que é culpado de cometer o *mesmo* delito não tem o direito de julgar o outro está gravado na consciência dos homens.

Ao mesmo tempo, Jesus estava agachado e escrevendo no chão com o dedo. Nós não sabemos por que ele fez isso ou o que ele escreveu. Teria sido somente para desviar seu olhar penetrante da mulher desmazelada e daqueles que a acusavam, dando-lhes tempo para reconsiderarem sua posição? Ou teria sido para lembrar-lhes de que o dedo de Deus escreveu, na pedra, o sétimo mandamento para Moisés (Êxodo 31.18)? Ou ele estaria sugerindo que ele próprio tinha dado uma mãozinha, ou pelo menos um dedo, para escrevê-lo? Esse detalhe foi citado na passagem simplesmente porque ele o fez, independentemente do motivo que o levou a fazê-lo. Esses detalhes aleatórios evidenciam a exatidão e a autenticidade do registro.

Jesus se esquivou da armadilha que prepararam para ele. Ele também a livrou daquela situação difícil. Jesus fez duas perguntas a ela, chamando a atenção para a ausência daqueles que procuravam matá-la, e ela deu a resposta sperada. Ele, então, deu seu próprio veredito e conselho.

A frase "Eu também não a condeno" transmite várias informações. Ele não estava dizendo que a perdoava, muito menos que ela estava salva, embora muitos pregadores gostem de ver isso dessa forma. Ele estava reiterando um simples fato: de acordo com a lei judaica, um caso sério como aquele exigia o depoimento direto de "duas ou três testemunhas". Entretanto, todos tinham ido embora e Jesus não era uma testemunha, apesar de saber que ela era culpada. Portanto, suas palavras simplesmente significavam "caso encerrado". Não havia o que responder.

Essa frase, que teoricamente declarava sua inocência, foi acompanhada de uma ordem incisiva, clara e direta: "Agora vá e não peque mais". É um apelo ao arrependimento sincero, não à fé. Em outras palavras: "Não faça isso novamente". Percebe-se também uma insinuação sutil no uso do verbo "pecar" no presente contínuo do grego. Não se trata de um lapso momentâneo ou impensado, mas de um hábito frequente praticado com vários parceiros ou de um relacionamento contínuo com um parceiro. De qualquer forma, pelo menos um deles era casado, justificando a acusação de adultério. A Nova Versão Internacional oferece uma tradução apropriada: "Agora vá e abandone sua vida de pecado".

É uma ordem clara. Uma advertência para que ela abandonasse a prática de relacionamentos pecaminosos para que nada pior acontecesse. Somente podemos presumir o que Jesus teria dito caso ela fosse trazida novamente a ele, alguns meses mais tarde, por ter desobedecido sua ordem e retomado a prática ilícita.

Como observamos em outros evangelhos, Jesus claramente pregava que a maioria das pessoas, senão todas, que se casavam novamente após o divórcio estavam cometendo (continuamente) adultério! As orientações que Jesus daria a essas pessoas seriam diferentes daquelas que ele deu a essa mulher? Os leitores podem tirar suas próprias conclusões.

---

[1] Quando um judeu reconhece que Jesus é o Messias, ele é chamado de judeu messiânico.

6

O QUE DIZ PAULO

Há uma tendência nos círculos atuais de estabelecer uma desarmonia entre Jesus e Paulo, em detrimento da influência dos registros de Paulo em nossas crenças e em nosso comportamento. Ele é até mesmo acusado de complicar o "evangelho" simples ensinado por Jesus, tornando-o mais teológico do que prático e mais doutrinário do que dinâmico. Ele, portanto, distorceu o conceito de "cristianismo", que precisa ser resgatado de suas garras e ter sua pureza original restaurada. Essa concepção questiona sua autoridade e sua integridade.

Ela sugere que suas opiniões têm menos peso do que as de Jesus (seria essa a razão pela qual alguns fiéis leem as epístolas sentados, mas se levantam para ler os evangelhos?). Os estudiosos se apressam em afirmar que o próprio Paulo faz distinção entre seus registros ("eu mesmo digo isto, e não o Senhor") e os ensinamentos de Jesus ("não eu, mas o Senhor"), em uma passagem que devemos analisar detalhadamente (1Coríntios 7.10 e 12).

Entretanto, Paulo constantemente reconhecia sua autoridade apostólica, decorrente do apelo e da incumbência expressos diretamente por Jesus, ressuscitado e elevado ao céu. Ele também afirmou que recebeu inspiração do Espírito Santo (1Coríntios 7.40). Portanto, ele não estava limitando seus conselhos a uma "opinião" inferior somente, mas traçando uma distinção entre o que Jesus realmente falou sobre o assunto, que ele estava citando, e a revelação que ele próprio havia recebido, ambas as concepções reconhecidas como Escrituras, inspiradas e fidedignas (cf. 2Pedro 3.16), sendo igualmente confiáveis e dignas de aceitação.

Assim, as palavras de Paulo são tratadas aqui com a mesma seriedade que dispensamos às de Jesus no capítulo anterior. Ele contribuirá com novas perspectivas, mas que são oriundas do mesmo Espírito de verdade. Portanto, os registros de Jesus e os de Paulo serão sempre complementares, nunca contraditórios. Qualquer incompatibilidade na interpretação ou no emprego dos registros deve ser prontamente questionada.

Quando discutem a legitimidade de divorciar-se e casar-se novamente, muitos estudiosos afirmam que Paulo é mais complacente, mais flexível, mais "liberal", mais compassivo em suas pregações do que Jesus. Eles afirmam que Paulo criou outra grave exceção (deserção ou abandono), além da única criada por Jesus (fornicação). Alguns estudiosos alegam, inclusive, que Paulo suprime *todas* as restrições, argumentando que aqueles que foram "liberados" do casamento não estarão pecando se se casarem novamente. E que uma pessoa que está no segundo casamento e se converte deve "permanecer nessa condição". Todas essas afirmações baseiam-se em um capítulo (1Coríntios 7), que, à primeira vista, parece bem incoerente com o padrão austero do Senhor Jesus. Compete a nós interpretar com muita cautela as cartas de Paulo e compreender com clareza o que ele realmente quis dizer. Três passagens exigem nossa atenção. Elas são apresentadas a seguir.

Romanos 7.1-6 (leia)

Esses versículos contêm a inquestionável afirmação de que "a mulher casada está ligada a seu marido enquanto ele estiver vivo". Vale a pena observar o emprego do verbo (em grego *dedetai*). O tempo verbal é o *perfeito*, indicando "um evento passado com um efeito contínuo", ou seja, uma referência a um evento anterior: o casamento. Nenhuma exceção é mencionada. O casamento é para a vida toda. Essa era também a opinião de Jesus (Marcos 10.6-9).

Certamente, isso resolve a questão. O casamento é indissolúvel, exceto pela morte de um dos parceiros. Entretanto, alguns estudiosos argumentam que essa não é necessariamente a conclusão a ser tirada da leitura desse texto, pelas seguintes razões.

Paulo fez uma afirmação, mas não a complementou, não ofereceu a dedução direta de sua afirmação: nada ou ninguém pode desfazer o vínculo do casamento, somente a morte. Portanto, ele não está excluindo outras possibilidades. Porém, isso é o que chamamos de "argumento pelo silêncio" (do latim, *argumentum e silentio*), que designa uma conclusão que se baseia na ausência de uma afirmativa, no que *não* foi dito, o que evidentemente é duvidoso.

O mais impressionante é que Paulo não está abordando diretamente o casamento ou o divórcio, mas simplesmente usando-o como um exemplo, uma analogia, para imprimir mais veracidade ao fato de que a morte libera a pessoa das restrições legais, assim, a morte de Cristo o liberta e nele somos também libertos da "lei". Porém, devemos salientar que a comparação de Paulo se baseia em fatos, não em ficção. Ele está citando "a lei" do casamento, que a morte desfaz, como o princípio que se aplica a todas as leis.

Surge então a dúvida sobre que "lei" ele está citando. Ele está se referindo a uma "lei" com a qual os leitores estão familiarizados. Contudo, nem as leis gregas nem as leis romanas unem um casal pelo resto de suas vidas. Divorciar-se e casar-se novamente eram práticas comuns na sociedade gentílica. Isso também não pode ser uma referência às leis mosaicas, a Torá, que aceitava e regulava o divórcio. Paulo deve estar falando sobre a "lei" de Deus para o casamento, transmitida a seus leitores romanos durante o discipulado.

Parece apropriado incluir esta passagem em nosso estudo. Embora a menção de Paulo ao casamento seja irrelevante a sua principal argumentação, ela poderia, por essa mesma razão, ser importante, indicando que é possível assumir que o casamento seja para a vida toda.

1 Coríntios 7.1-40 (leia)

Este excerto inclui a maior parte das reflexões de Paulo sobre o assunto e, portanto, devemos analisá-lo com atenção, na esperança de constatar como o escritor e os leitores interpretam a carta original, uma tarefa que nem sempre é fácil.

Devemos começar analisando mais amplamente a cultura e a filosofia da Grécia. O chamado "dualismo helenístico" separava o lado espiritual do lado físico da vida, enaltecendo o primeiro e menosprezando este último. O corpo era um obstáculo, até mesmo uma prisão, para a alma. A morte libertava uma alma imortal de um corpo mortal (quase que o oposto do pensamento cristão (1Coríntios 15.54).

Essa lógica instiga duas posturas contrárias com relação ao comportamento sexual: a promiscuidade, porque o corpo não controlava a alma, ou o ascetismo, porque corpo e alma estavam intrinsicamente ligados. Os dois extremos estavam presentes na igreja de Corinto. Sendo Corinto uma cidade portuária, a prostituição era uma prática comum. Possivelmente como uma forma de resistência, havia quem defendesse o celibato e, até mesmo, o casamento sem sexo.

Os convertidos sofriam a pressão de ambos os lados, eram

atraídos a retomar o antigo estilo de vida até mesmo depois de terem se arrependido de tê-lo praticado. Paulo aborda esse conflito em sua carta. Depois de demonstrar com firmeza sua opinião sobre um caso de incesto, ele passa a abordar a prática generalizada de prostituição. A complacência com tal prática, juntamente com outros hábitos pecaminosos, poderia impossibilitar uma pessoa de herdar o Reino de Deus.[1] Isso porque corpo e espírito estão integrados por Deus, que é nosso Criador e nosso Redentor. Um cristão pode de fato associar Cristo a uma prostituta (6.15)!

Não é de admirar que alguns coríntios convertidos tenham reagido de forma tão pudica, acolhendo o ensinamento de que "é bom que o homem não toque em mulher" (citação literal do versículo 1 do capítulo 7). Muitos interpretaram isso como uma declaração de Paulo em defesa do celibato, que ele certamente defende em outros versículos deste capítulo (a NVI traduz "não tocar" como "não casar"). Porém, o contexto sugere o contrário. Ele está respondendo a uma carta dos coríntios e discutindo uma questão que eles levantaram. Paulo adota uma abordagem direta e enfatiza a obrigação e a necessidade da relação sexual no casamento. Portanto, faz mais sentido considerar o versículo 1 como um exemplo de um ensinamento extremamente ascético invadindo a comunidade dos coríntios, relacionado a um assunto sobre o qual eles buscam a opinião de Paulo. "Tocar" é, portanto, um eufemismo empregado para sexo e eles aprenderam que qualquer tipo de gratificação, mesmo no casamento, inibe o desenvolvimento espiritual (ensinamento no qual, em nossa época, Mahatma Ghandi acreditava e que praticava). "É *bom* que não..." pode significar "é benéfico" e não "é moralmente correto", como empregado com relação ao celibato, no versículo 8. Talvez tivesse sido melhor usar "melhor" em vez de "bom" neste caso.

Eles talvez estivessem esperando que Paulo concordasse

com esse conselho, sabendo que ele era solteiro e que defendia o celibato. Devem ter ficado surpresos quando ele incentivou o envolvimento físico no casamento. A ideia de que o corpo de um pertencia ao outro, principalmente de que o corpo do marido pertencia à esposa, era revolucionária. Paulo assumiu uma postura extremamente restrita quanto à abstinência sexual no casamento. Ela deve ser adotada mútua e temporariamente, e praticada com uma finalidade espiritual. A negação unilateral da satisfação sexual proporciona ao diabo a oportunidade de destruir o casamento (uma das poucas vezes em que Paulo menciona Satanás). O sexo é um elemento essencial e uma obrigação mútua no casamento. Porém, sua prática deve ser mantida exclusivamente dentro do casamento. Observem que a passagem diz "seu próprio marido" e "sua mulher". Recusarem-se um ao outro somente causa tensão no relacionamento, fazendo com que os cônjuges percam o autocontrole e procurem satisfação fora do casamento.

Paulo acrescenta: "Digo isso como concessão, e não como mandamento", aparentemente se referindo ao conselho que deu anteriormente sobre a abstinência adotada mútua e temporariamente, que não é um requisito obrigatório nos casamentos cristãos, mas totalmente voluntário. No caso do próprio Paulo, ele se abstém do casamento e, portanto, também do sexo, e gostaria que todos pudessem ser como ele, mas reconhece que, para dar certo, isso exige "um dom da parte de Deus".

Depois de responder ao questionamento dos coríntios, Paulo aborda outras questões, envolvendo o casamento e o divórcio, mas não diz nada sobre o divórcio e um segundo casamento, como veremos. Até então, Paulo havia se dirigido a todos em geral, e agora volta sua atenção a grupos específicos.

Primeiramente, ele dedica algumas palavras aos que não

são casados: os solteiros ou viúvos. Ele recomenda que permaneçam como estão ("permaneçam como eu", pela segunda vez). Repito que essa seria a "boa" conduta, que significa "melhor" e não "correta". Contudo, Paulo é realista, reconhece a força do desejo sexual e o grau de autocontrole necessário para refrear-se e purificar-se. Isso é evidenciado por seu notório conselho: "É melhor casar-se do que ficar ardendo de desejo". Essa não é a única nem a principal razão para a busca de um parceiro, mas com certeza é um elemento concreto. O casamento é a resposta determinada e projetada por Deus para satisfazer essa necessidade básica. A falha no controle dessa necessidade pode causar o caos na sociedade humana, e o próprio nome "Corinto" tornou-se sinônimo de caos moral por esta razão. Paulo não retrata o casamento como o "menor dos males", como alguns críticos afirmam, mas como uma solução divina para o problema.

Em seguida, Paulo se dirige aos casados. Esse trecho é muito importante para nossa discussão. Ele visivelmente se diferencia do parágrafo anterior. Nele, Paulo adota um tom mais de repreensão do que de aconselhamento, ordem em vez de recomendação, de *poder* para *dever*. Ele passa a usar autoridade e a sabedoria do Senhor Jesus, em vez de suas próprias, e a citar suas palavras e seus ensinamentos.

Ele os emprega primeiramente em relação à esposa e, em seguida, ao marido. O divórcio é simplesmente descartado. Não é uma opção. Também não há exceções. Casais cristãos "não devem" se divorciar. Está fora de questão. Paulo não poderia ter sido mais claro.

Entretanto, entre as proibições absolutas ao marido e à esposa, encontramos outra declaração que parece ser uma exceção! É dirigida às mulheres e não aos homens e começa assim: "Que a esposa não se separe do marido, mas se ela *o fizer*" (o que corresponde a divorciar-se). Trata-se de uma tradução inapropriada e enganosa, que usa o tempo verbal no futuro e ignora o modo "perfeito" (usado para indicar um evento passado com um efeito contínuo). A frase deveria ter sido escrita da seguinte maneira: "Mas se ela *já* tiver se separado". Provavelmente se refere ao tempo anterior a sua conversão, somente possível quando ela ainda não havia ouvido os ensinamentos de Jesus sobre o assunto.

Seja o que for, ela tem somente duas opções: permanecer solteira ou se reconciliar com seu marido. Se a segunda opção não for possível (o marido casou-se novamente, por exemplo), ela deve optar pelo celibato. Casar-se novamente é proibido. Os evangelhos, na verdade, não registram nenhuma menção de Jesus a essa situação, mas se trata de uma inferência lógica de sua postura geral, portanto, Paulo pode incluí-la aqui.

Em seguida, ele se dirige "aos outros". Nessa frase, é pouco provável que ele esteja se referindo ao restante de seus leitores. Ele contemplou todos eles quando escreveu para os solteiros e os casados! Então, provavelmente, se refere aos outros questionamentos dos coríntios na carta que escreveram para ele. Com certeza, ele agora aborda casos mais específicos dentro de duas categorias principais, dos solteiros e dos casados.

Assim, em seguida, ele fala dos casamentos "mistos", entre crentes e descrentes. Obviamente, esse tipo de casamento não deveria ocorrer. Os cristãos, como os judeus, não devem se casar com pessoas que não pertençam ao Senhor (Êxodo 34.16; Malaquias 2.11-12; 1Coríntios 7.39; 2Coríntios 6.14), mas alguns ainda o fazem. Em alguns casos, um descrente faz uma profissão de fé antes de se casar, que eventualmente não se sustenta. É muito mais provável que Paulo estivesse pensando na conversão de um dos parceiros, do marido ou da esposa, após o casamento, quando eles descobrem que, sem querer, acabaram estabelecendo um "jugo desigual".

Paulo está preocupado com o fato de que o parceiro

convertido, o marido ou a esposa, não fique com a consciência pesada e pense em se separar de seu parceiro descrente. Se ambos desejam permanecer juntos, o parceiro convertido deve também permanecer "em santo matrimônio", aos olhos de Deus. Em seu modo de ver, trata-se de um relacionamento sagrado, e não secular, que, se possível, deve ser mantido intacto pelo parceiro convertido. O parceiro descrente é "santificado" por meio do parceiro convertido. Isso não significa que o parceiro descrente seja salvo ou que esteja vivendo uma vida de santidade. Significa sim que eles não fazem mais parte da categoria de casais "profanos ou impuros", da qual um parceiro convertido deve se excluir para não ser contaminado. Seguindo esse raciocínio, se o parceiro convertido pensa que deve se separar por estar em jugo desigual com o parceiro descrente, então ele também deve se separar dos filhos. Em resumo, *nunca* haverá justificativa para o pedido de divórcio por parte do parceiro convertido, sejam quais forem seus motivos, espirituais ou de outra natureza.

Porém, e se o marido ou a esposa descrente quiser se separar? Um deles, o marido ou a esposa, nunca desejou realmente se envolver em um relacionamento íntimo com um cristão e pode se sentir horrorizado em dividir a cama com um! Ele pode se sentir constrangido, envergonhado e até mesmo ofendido com a relação. Seus sentimentos poderiam escalar e se transformar em hostilidade e ódio. Poderiam, certamente, levar a desavenças e discussões no lar, na ausência ou na presença dos filhos.

O conselho, inesperado, de Paulo é que eles se separem, que se divorciem se o parceiro descrente desejar. Ele tinha acabado de dizer aos cristãos que não desfizessem um casamento, que é santo, e agora estava os aconselhando a se separarem! Acontece que as circunstâncias mudaram. No caso anterior, o parceiro descrente queria permanecer casado; agora ele não deseja permanecer no casamento. A vontade é um fator fundamental em um casamento (daí as palavras cruciais proferidas pelos noivos nas cerimônias de casamento de hoje: "Eu aceito". Casamentos impostos, sem o consentimento dos noivos, não estão alinhados com a vontade de Deus.

A sabedoria é maleável e se adapta conforme a situação (sem, contudo, perder de vista os princípios morais estabelecidos). Aparentemente contraditório, o conselho de Paulo é, na verdade, coerente. Nas situações em que o parceiro descrente deseja permanecer casado, Paulo receia que o parceiro convertido pense que tem a obrigação de se separar. Nas situações em que o parceiro descrente quer se separar, Paulo receia que o parceiro convertido pense que tem a obrigação de permanecer casado. Ou seja, eles pensam que devem fazer tudo o que estiver a seu alcance para preservar o casamento santo aos olhos do Senhor, mesmo contrariando a vontade do parceiro descrente e impondo sua própria. Um exemplo disso seria quando o parceiro convertido não se dispõe a colaborar em um processo de divórcio. Paulo cita três razões pelas quais tal relutância é inapropriada.

Primeiramente, o casamento não é escravidão. "O irmão ou a irmã *não fica debaixo de servidão*" em tal situação (versículo 15). Essa afirmação foi tão mal interpretada e mal empregada que, antes de mais nada, precisamos entender o que Paulo *não* diz. No século XV d.C., o humanista cristão Erasmo, em busca de uma abordagem mais "humana" do divórcio, encontrou nesses registros outra "exceção" ao rígido ensinamento de Jesus, que proíbe os casais de se separarem e se casarem novamente, a saber deserção/abandono. Essa exceção foi aceita pelos reformadores protestantes da época, liderados por Lutero. Desde então, passou a integrar a tradição evangélica e ficou conhecida como a "exceção de Erasmo". Segundo as Escrituras, ela poderia ser aplicada somente ao caso de um marido ou esposa descrente que se separa do parceiro convertido, mas muitos críticos a generalizaram, empregando tal exceção inclusive ao caso de um parceiro convertido que abandona o cônjuge. Entretanto, ela se baseia no pressuposto de que Paulo estava se referindo à condição *futura* do parceiro convertido, que "não fica debaixo da servidão" de permanecer solteiro, mas é livre para se casar novamente com alguém mais compatível.

Infelizmente, as versões traduzidas geralmente ignoram o tempo verbal e o verbo em si. O tempo verbal é passado, não o presente ou o futuro (na verdade, o perfeito, novamente, se referindo a um evento passado com um efeito contínuo) e deveria ser traduzido como: "Não ficou debaixo da servidão". Paulo está se referindo ao primeiro casamento, não está discutindo a possibilidade de um segundo casamento, como concordam os estudiosos contemporâneos (consulte, por exemplo, o livro de Gordon Fee, da série New International Commentary, publicada pela Eerdmans – sem tradução para o português).

Além disso, o verbo usado é bem diferente do verbo (*deo*) e do substantivo (*desmos*) sempre atribuídos ao casamento. É *douleuo*, originário do mundo da escravidão (escravo é *doulos*), nunca empregado para expressar o vínculo que existe no casamento. Portanto, deveria ter sido traduzido como: "Não ficou debaixo da *escravidão*", isto é, no casamento. Um escravo cristão tem obrigação de preservar esse vínculo; razão pela qual Paulo enviou Onésimo, o escravo romano, de volta para seu dono, Filemon, que era cristão. Porém, o casamento representa um vínculo diferente. Trata-se de um vínculo e não de um estado de servidão, em uma distinção mais clara possível em português.

Isso faz mais sentido no contexto. É uma das três razões pelas quais o cônjuge convertido não deve obrigar o parceiro descrente a permanecer no casamento.

A segunda razão é a convivência pacífica: Deus nos chamou para vivermos em paz. Ele é o "Deus da paz" e quer que sejamos pessoas de paz também. A harmonia resulta principalmente do acordo comum entre as partes e nada a destrói mais rapidamente do que alguém tentar impor sua vontade contra a vontade (ou má vontade) do outro. Mais uma vez, isso reforça o sábio conselho de Paulo para que deixe que o parceiro descrente se separe.

O terceiro motivo é a não garantia de salvação: manter o relacionamento com o parceiro descrente contra sua vontade pode não o levar à salvação. Paulo está prevendo que os cônjuges podem contestar seu conselho com o seguinte argumento: "Mas eu sou o único vínculo que ele/ela mantém com o cristianismo; se eu me separar, meu parceiro se perderá por toda a eternidade". E Paulo, então, pergunta: "Você, mulher, como sabe se salvará seu marido? Ou você, marido, como sabe se salvará sua mulher?" Alguns podem pensar que ele espera uma resposta positiva, ou seja, o marido ou a mulher argumenta que pode salvar o parceiro se o casamento for mantido. Contudo, o contexto requer uma resposta negativa (eu não sei); outro motivo, portanto, para o casal se separar. Na verdade, esse conselho provavelmente faria com que o parceiro descrente demonstrasse mais simpatia pelos cristãos do que a atitude oposta, de tentar forçá-lo a permanecer casado.

Essencialmente, Paulo reconhece que não pode citar os ensinamentos de Jesus, que nunca falou sobre casamentos mistos, pelo que sabemos. Por isso ele começa seu conselho com a frase: "Aos outros eu mesmo digo isto, e não o Senhor". Porém, isso não significa que seu conselho pode ser menosprezado e considerado como "uma opinião somente". Ele conclui essa seção sobre o casamento com a seguinte frase: "E penso que também tenho o Espírito de Deus", que é a fonte divina de "palavras de sabedoria", além de sua autoridade como apóstolo. Seus "pareceres" são, pela misericórdia do Senhor, dignos de confiança (versículo 25).

Em seguida, Paulo passa a abordar um assunto mais geral, motivado pela discussão sobre casamentos mistos e a responsabilidade de o parceiro convertido permanecer em um relacionamento que pode não ser tão fácil e agradável, a menos que o parceiro descrente queira se separar. Ele fala do problema do "comichão" que acomete os parceiros convertidos, especialmente os recém-convertidos. Quando as pessoas se convertem e começam uma nova vida em sua nova fé, é muito comum que queiram praticá-la em um novo ambiente, mais acolhedor ou até mesmo mais estimulante. Isso acontece especialmente com jovens que se convertem e que pensam que poderiam ser cristãos mais íntegros em um ambiente diferente (o seminário ou até mesmo o campo missionário); uma ilusão impulsionada por alguns líderes de ministérios com jovens. O problema não é novo, estava lá desde o início.

Já observamos um tema que se repete ao longo de todo o capítulo: "permanecer como está". Com um comentário que parece ser quase uma interrupção, Paulo reforça seu conselho. Deus quer que permaneçamos na condição em que fomos chamados até que ele demande uma mudança. Paulo ilustra isso com traços das culturas judaica e gentia, com a circuncisão e a escravidão. Quando diz a alguém que "não desfaça a circuncisão", ele não pode estar se referindo a um transplante do prepúcio! É um eufemismo empregado por Paulo para preconizar que não rejeitem a cultura hebraica, fundamentada na Torá.

Isso não significa aceitar permanentemente sua "condição" pelo resto de sua vida. Um escravo pode ganhar sua liberdade legalmente e deve se empenhar para obtê-la. Um homem convertido e livre não deve nunca se vender como escravo. Isso também não significa que um cristão deva permanecer em um emprego imoral ou ilegal (por exemplo, em um bordel ou cassino).

Em resumo, a condição *na qual* Deus o chamou, normalmente, é a condição *para a qual* Deus o chamou. Alguns estudiosos interpretam isso como uma referência a um parceiro convertido que se divorciou e se casou novamente, sugerindo que ele permaneça com o parceiro do segundo casamento. Entretanto, como já salientamos, Paulo não aborda de jeito nenhum a questão do casamento após o divórcio, embora alguns críticos afirmem que ele o tenha feito no parágrafo seguinte, o qual passaremos a analisar.

Ele se dirige agora a um grupo em particular: os que não estão casados. Pela terceira vez neste capítulo (versículos 7, 8 e 26), ele exorta a que permaneçam solteiros; sendo esta uma "boa conduta" (não a correta, mas a vantajosa) a seguir. Pela primeira vez, Paulo menciona uma razão para essa opção: "por causa dos problemas atuais", sem especificar quais são esses problemas – existenciais (problemas locais e temporários, como a fome, por exemplo) ou escatológicos (problemas universais e definitivos, como a "presente era perversa", de conflito entre o Reino de Deus e o império de Satanás, que termina com o juízo final). É mais provável que ele estivesse se referindo a esses últimos. Paulo estava perfeitamente ciente da crise resultante da primeira vinda de Jesus; uma crise que se estenderá até a segunda vinda.

Ele exorta novamente os solteiros a "permanecerem" solteiros, com duas perguntas e respostas retóricas, das quais a primeira é muito direta (aqueles que estão casados não devem procurar "separar-se"). A segunda pergunta se revelou muito polêmica (aqueles que "estão solteiros" ou "livres de mulher" não devem procurar esposa, mesmo verbo). Geralmente, a mesma palavra, no mesmo contexto, traz o mesmo significado. Uma vez que o significado é, obviamente, "divorciar-se" na primeira pergunta, muitos podem presumir que o verbo (grego *luo* = soltar, desprender, liberar) significa "divorciar-se" na segunda pergunta também.

Isso não seria nenhum problema se Paulo não tivesse, logo em seguida, acrescentado uma restrição: "Mas, se vier a casar-se, não comete pecado". À primeira vista, parece que Paulo está dando permissão, senão aprovação, para alguém se casar novamente após ter se separado. Isso seria uma clara contradição do que ele disse antes (versículo 8: "que permaneça sem se casar ou, então, reconcilie-se com o seu marido") e em seguida (versículo 39: "A mulher está ligada a seu marido enquanto ele viver"). E ele também estaria negando a validade dos ensinamentos do Senhor. Ele admite que os judeus nunca "ordenaram" que o celibato fosse adotado, portanto, Paulo não exige, somente recomenda, que o adotem (versículo 25), mas ele não iria tão longe a ponto de discordar de Jesus sobre essa questão fundamental.

Portanto, qual é a solução para esse dilema? A única possibilidade é que Paulo esteja empregando o verbo "separar-se" de duas formas diferentes, referindo-se não a seu *efeito* (o que acontece após se separarem), mas sim a sua *causa* (*por que* se separaram). Na primeira resposta, "separar-se" significa "divorciar-se" e na segunda significa "ficar de luto". O que as duas partes (viúvos e solteiros) têm em comum é que ambas, aos olhos de Deus, estão aptas a se casarem.

Paulo começa esta seção se dirigindo às "pessoas virgens", que nunca se casaram, e em seguida inclui as pessoas que já foram casadas, mas que estão livres para se casarem novamente. Seu conselho a ambos os grupos é o mesmo. Preferencialmente, seria melhor que elas permanecessem solteiras; caso contrário, não seria errado que elas se casassem (ele repete isso para ambos os grupos).

Ele estende a discussão e passa a oferecer as razões pelas

quais ele recomenda a adoção do celibato. Ele já mencionou os "problemas atuais" e os versículos seguintes confirmam que se trata de problemas universais e permanentes e não de problemas locais e temporários. Uma nova era desponta e se sobreporá à atual. Vem aí um novo mundo, que irá substituir este em que vivemos e que está com seus dias contados. Os crentes devem se preparar para esse novo mundo em vez de se embrenhar neste mundo atual. "O tempo é pouco", tanto para o mundo exterior que nos cerca como para as pessoas que vivem nele. E a eternidade é muito mais longa.

Todos os crentes precisam ser lembrados disso. É tão mais fácil dedicar tempo e atenção ao aqui e agora e descuidar do amanhã. A gente se envolve tanto com o que é apenas temporário, incluindo o casamento. Paulo acentua seu conselho empregando uma figura de linguagem que chamamos de hipérbole (exagero intencional para acentuar uma ideia), a exemplo de Jesus (Mateus 5.29-30, cujo significado é o controle restrito e radical daquilo que desejamos com os olhos ou do que fazemos e não a amputação dos olhos ou das mãos). Paulo exorta os casados a viverem como se fossem solteiros, o que, se interpretado literalmente, invalidaria os conselhos que deu nos versículos 3, 4 e 5. Parece que ele está proibindo que sejam manifestadas as reações básicas de tristeza ou alegria em tudo o que acontece na vida! Sua exortação é um pouco mais "realista", é como dizer aos leitores que podem comprar coisas, mas não devem considerá-las sua propriedade, uma vez que não levarão nada consigo quando morrerem. A última exortação resume todo o resto. Usem as coisas do mundo, mas não se deixem *ser seduzidos* (grego *kataxraomai* = usar integralmente, ser consumido por) por isso. Não devemos deixar que nossos sentidos nos prendam a um mundo que não é eterno, e isso inclui o casamento, como nos lembra a frase: "até que a morte nos separe".

Considerar nossa família ou nossos recursos materiais os bens mais valiosos da vida é um erro primário, que nos deixa mal preparados para o futuro. Viver para o presente (existencialismo) é um modo de vida destrutivo!

Além dessa razão principal para a defesa da adoção do celibato por aqueles que estão aptos a se casarem, Paulo ainda menciona uma razão secundária, que pode exercer uma forte pressão sobre os casados, ou seja, o descuido com o trabalho do Reino de Deus por causa das responsabilidades com o cônjuge e com os filhos. Uma pessoa solteira pode se dedicar a agradar o Senhor, mas uma pessoa casada deve também agradar seu parceiro e isso pode criar um conflito. A vida é mais complicada quando temos que escolher entre agradar um ou outro, como muitos casais que servem a Deus podem testemunhar (e isso pode explicar o crescente número de divórcios entre eles).

Paulo se dirige a outro grupo específico: aqueles que estão noivos e vão se casar. Não é *errado* consumar o casamento, principalmente se a mulher está avançando na idade, o que diminui suas chances de encontrar outro noivo caso seu casamento seja cancelado. Porém, se o homem estiver convencido de que deve permanecer solteiro e de que consegue controlar seu desejo, desfazer o noivado é a decisão *correta* a ser tomada. Mais uma vez, Paulo reitera sua convicção de que o casamento é uma boa opção, mas o celibato é uma opção ainda melhor (muito raramente pregada ou praticada hoje em nossa sociedade obcecada por sexo).

Ao sintetizar seus comentários sobre o casamento (e a opção por se manter solteiro), Paulo repete o princípio fundamental de que somente a morte de um dos cônjuges dissolve o casamento. Do contrário, o vínculo (não a servidão) criado entre os cônjuges com o casamento permanece intacto aos olhos do Senhor. Entretanto, o cônjuge que sobrevive (com frequência a esposa, naquela época, tal como agora) é livre para se casar novamente. A única condição é a de que o novo marido seja convertido, mesmo que o primeiro marido não tivesse sido ou se tornado um. O desejo de ter companhia ou de satisfazer o apetite sexual não deve prevalecer.

Contudo, Paulo novamente manifesta sua opinião e afirma que seria melhor que a mulher permanecesse solteira e ainda acrescenta que acredita que recebeu a inspiração divina para pensar assim.

Ao longo de todo o seu discurso, Paulo se manteve fiel ao ensinamento de Jesus que proíbe que os casais se separem e se casem novamente. Nós mostramos que aqueles que buscam "brechas" para justificar as ações de quem se separa e se casa novamente (no versículo 15 para alguns e no versículo 28 para todos) não estão interpretando o texto corretamente, em especial os tempos verbais, que remetem ao passado e não ao presente ou ao futuro, ao primeiro casamento e não ao segundo.

1Timóteo 3.1-13 (leia)

A única condição relativa ao casamento nessas listas de atributos necessários àqueles que atuam como presbíteros ou diáconos (de preferência "supervisores" ou "servos") é a de que sejam "maridos de uma só mulher".

Essa condição não é imposta porque o padrão moral definido para os "líderes" é mais elevado do que o padrão a ser seguido pelos outros membros da igreja, mas porque, nas posições que ocupam, eles têm a responsabilidade de ser um exemplo claro do que todos são chamados a ser. Eles não devem ser indicados a assumirem essas funções até que deem esse exemplo.

Contudo, o que significa "marido de uma só mulher"? A Nova Versão Internacional acrescentou uma palavra ("só"), que imprime mais ênfase à condição, mas que pode também induzir a erros de interpretação. Existem três possibilidades, que se revelam quando consideramos o que a frase exclui.

Primeiramente, a alternativa mais óbvia é a poligamia – ter mais de uma mulher ao mesmo tempo. Já sabemos que o propósito de Deus em relação ao casamento é unir um só homem e uma só mulher (Gênesis 2.24). Uma vez que a salvação é a restauração da criação a sua condição original, é evidente que a monogamia é a norma para os cristãos. Em segundo lugar, subentende-se a proibição de mais de um casamento durante a vida. Os pastores cristãos devem se casar somente uma vez, mesmo que fiquem viúvos. Isso parece ser excessivamente restritivo à luz de outros trechos da Palavra, que acolhem livremente um segundo casamento quando um dos cônjuges fica viúvo (Romanos 7.2; 1Coríntios 7.39; 1Timóteo 5.14). Entretanto, os "pais" da igreja primitiva aparentemente interpretavam dessa forma, embora isso não signifique que estivessem certos.

A terceira possibilidade é a de que a separação e o segundo casamento são proibidos. Ter uma segunda esposa quando a primeira ainda é viva seria equivalente à bigamia ou, consequentemente, à poligamia, aos olhos do Senhor, mesmo que a situação estivesse regularizada legalmente. Seria certamente um mau exemplo para o rebanho.

Se traçarmos uma relação com o restante do Novo Testamento, a terceira possibilidade faria mais sentido e, portanto, é a abordagem privilegiada pelo autor.

Como uma breve observação, pode parecer fútil ressaltar que uma mulher dificilmente poderia ser um "marido de uma só mulher". Isso sugere que o ministério era restrito aos homens, pelo menos no caso de presbíteros. A menção de "mulheres", no versículo 11, talvez possa estar se referindo a diaconisas (a palavra *diakonos* se aplica a Febe em Romanos 16.1). Para obter mais detalhes sobre os papéis e as responsabilidades de homens e mulheres na igreja, leia o livro do autor *Leadership is Male*, publicado pela Anchor Recordings (sem tradução para o português). Aqui concluímos nosso estudo do capítulo "O que diz Paulo".

---

[1] Uma breve observação: fornicadores [*pornoi*] e adúlteros [*moixoi*] são classificados em categorias bem diferentes.

7

O QUE DIZ A IGREJA

Voltemos aos capítulos curtos! Há várias razões para essa diminuição no ritmo.

A primeira delas é o fato de que o autor é um professor da Bíblia, não um historiador da igreja, e, portanto, não é qualificado nesse campo de estudo. Além disso, o autor é um cristão evangélico, não é liberal, católico ou ortodoxo. Portanto, a autoridade da Bíblia é muito superior à da igreja. As Escrituras são soberanas em todas as questões relacionadas à crença e ao comportamento cristão e prevalecem sobre a tradição.

Assim, este capítulo será um breve esboço de algumas mudanças na postura da igreja em relação ao casamento, ao divórcio e ao casamento após o divórcio, ocorridas nos círculos eclesiásticos ao longo dos séculos.

O leitor talvez fique surpreso com a variedade de opiniões existentes sobre o assunto. Elas resultaram nas diferenças que predominam hoje e que permitem que os casais "sondem outras alternativas" até encontrarem uma igreja que aceite e concorde com suas escolhas. Por sua vez, isso enfraquece a disciplina da igreja e encoraja as pessoas a negligenciá-la.

Como igrejas, que utilizam a mesma Bíblia, podem chegar a tal diversidade de princípios e práticas? Existem duas causas principais.

A mais óbvia é o afastamento dos padrões estabelecidos nas Escrituras. Um número cada vez mais crescente de líderes consideram tais padrões "culturalmente condicionados" aos contextos nos quais estão inseridos e aos quais podem se adaptar, aliás, precisam se adaptar para se adequar à sociedade contemporânea. Eles honestamente acreditam que uma igreja que se agarra a normas do passado perde sua credibilidade presente e suas perspectivas futuras. No pior cenário, essa visão baseia-se no conceito de um Deus flexível cuja única constante é seu amor. Na melhor das hipóteses, é uma tentativa de tornar o evangelho mais relevante e aceitável no mundo moderno. Em ambos os casos, só se tornam funcionais mediante uma alteração no próprio evangelho.

A mais sutil é a imposição de uma determinada forma de pensar às Escrituras, o que predetermina os resultados. Isso talvez possa ser evidenciado por uma única palavra da Bíblia: "aliança", empregada para designar o relacionamento especial de Deus com os homens. Quantas alianças ele fez? A resposta abrange de uma até sete! Depende da relevância direta das diferentes partes da Bíblia para os cristãos convertidos.

Desde a Reforma Protestante, por exemplo, muitas doutrinas "reformadas" pressupõem que existe uma única "aliança da graça", como é chamada, embora essa expressão não esteja presente nas Escrituras. Isso significa que as exigências do Novo e do Antigo Testamento são válidas para os cristãos convertidos e podem variar na forma, mas não em sua importância (a circuncisão se torna batismo, batismo de bebês, inclusive; o sábado se torna domingo, etc.). Deuteronômio 24 ainda se aplica para o novo casamento após o divórcio.

No outro extremo desse espectro, a doutrina "dispensacionalista" divide a história em sete períodos, em cada um dos quais Deus demanda diferentes exigências éticas. Até mesmo o Sermão do Monte, que inclui ensinamentos relacionados ao divórcio, é atribuído a uma futura era do "Reino" chamada de "Milênio", e Deuteronômio é limitado a um período passado regido pela "Lei". Nenhum deles alude à era da "igreja".

Em meio a esse cenário, muitos leitores comuns da Bíblia são induzidos ao erro por conta dos títulos atribuídos às duas partes da Bíblia ("testamento" é sinônimo de "aliança"). O "Antigo" Testamento reveste-se de importância histórica e o "Novo" Testamento tem uma relevância atemporal. Eles estudam o primeiro, mas vivem conforme o segundo.

Este autor acredita que existem cinco alianças principais na Bíblia, que receberam os nomes dos cinco indivíduos com os quais Deus as fez: Noética, Abraâmica, Mosaica, Davídica e Messiânica. Todas as cinco estão incluídas em ambos os testamentos. Somente uma é chamada de "antiga" (a Mosaica) e somente uma é chamada de "nova" (a Messiânica). Essa "antiga" foi substituída pela "nova", mas nenhuma das outras foi substituída. O autor discutiu essa tese em um capítulo inteiro em seu livro *Defending Christian Zionism* (A Defesa do Sionismo Cristão), o qual apresenta uma postura em relação ao povo judeu e sua terra, que pressupõe que as promessas da aliança Abraâmica não foram alteradas, muito menos canceladas (leia Gálatas 3.17-18; Hebreus 6.13-18). Assim, quatro das cinco alianças incluem os cristãos.

O número de alianças contidas, presumidamente, nas Escrituras e diretamente relacionadas aos cristãos tem um impacto profundo em sua interpretação e sua aplicação (juntas chamadas de "hermenêutica"). Vamos discutir agora nossa pesquisa sobre a história da igreja, que *podemos* dividir em eras ou períodos: os primórdios, a era imperial, a era medieval, a era da Reforma e a era moderna da igreja.

OS PRIMÓRDIOS DA IGREJA

Apesar de ter nascido em berço judaico, a igreja foi espalhada pelo mundo greco-romano, caracterizado por uma cultura na qual a prática de se divorciar e se casar novamente era muito comum. Não é de admirar, portanto, que os "pais da igreja" (como eram chamados os professores e mestres nos primeiros séculos do cristianismo) discutiam bastante o tema. Na verdade, com até mais frequência do que discutiam a segunda vinda do Senhor à Terra.

Parecia haver um consenso entre eles, que pode ser resumido a seguir. Eles permitiam o divórcio entre cristãos, somente em razão de adultério reincidente, mas, diferentemente dos judeus, eles não aprovavam o casamento após o divórcio. Eles desaprovavam até mesmo o casamento de viúvos, principalmente entre os presbíteros.

Entre os que defendiam essa posição extremamente incomum, destacam-se nomes como Hermes, Justino, Clemente, Basílio, Ambrósio e Jerônimo. Houve um ou dois dissidentes, como Ambrosiastro e Atenágoras. Este último pregava que o casamento era eterno (semelhantemente às ideias dos Mórmons hoje) e, portanto, totalmente indissolúvel.

Em resumo, a maioria dos divórcios e todos os casamentos após a separação eram considerados pecaminosos, assim sendo, a disciplina era aplicada.

A ERA IMPERIAL

A professada "conversão" do imperador romano Constantino trouxe uma mudança radical. O cristianismo se tornou, pela primeira vez, uma religião estabelecida por lei. A igreja e o Estado foram unidos em uma aliança embaraçosa, que perdura até hoje em alguns países da Europa. As leis do Estado começaram a refletir nas normas da igreja, mas a influência não era unilateral. Como a igreja estava amoldada ao mundo, os valores mundanos penetraram na igreja, até mesmo nas esferas da liderança, que se tornou mais moldada à cultura do império do que à do Novo Testamento. Por exemplo, muitos "bispos" que dirigiam somente igrejas locais se tornaram bispos regionais, liderando várias igrejas, e, por fim, um bispo (em Roma) se estabeleceu como "pai" (papa) de todas as igrejas, com regalias e títulos (por exemplo, Pontífice Máximo) herdados dos "césares". A fixação de eremitas nos desertos e monges nos monastérios era uma forma de protesto contra essa tendência e o celibato começou a ser associado à santidade.

Isso se acelerou com a conversão de "santo" Agostinho, que renunciou um estilo de vida promíscuo, com uma amante e um filho ilegítimo, e se tornou bispo de Hipona, no norte da África, e, mal ou bem, o teólogo mais influente que a igreja já teve. Em parte por causa da reação a seu estilo de vida anterior, mas principalmente por causa de sua formação em filosofia grega, especificamente em Platão, ele introduziu um preconceito contra o relacionamento físico e sexual nas correntes essenciais do pensamento cristão – um preconceito que ainda hoje perdura. Mesmo no casamento, o sexo era considerado "concupiscência" (luxúria), que conduziu a uma atitude negativa com relação ao casamento e, consequentemente, ao divórcio e ao novo casamento.

A ERA MEDIEVAL

Os "padres", nessa época, eram obrigados a adotar o celibato e, portanto, eram tidos como modelos da verdadeira santidade, pelo menos nesse aspecto! Ironicamente, o casamento foi elevado a um dos sete "sacramentos", concedidos pelo clero aos leigos. Isso se deve a um erro de tradução de Jerônimo da Vulgata. Ele traduziu "mistério", em Efésios 5.32 (do grego, *musterion*) para o latim *sacramentum*. Originalmente, quando descreve o juramento de lealdade de um soldado romano a seu imperador, a palavra passou a significar "meio de graça" controlado pela igreja.

Como os demais sacramentos (o batismo e a extrema unção, por exemplo), o casamento era considerado único e irrepetível. Portanto, o casamento era "indissolúvel" e o divórcio era inquestionavelmente proibido e punido com a excomunhão (ainda é na igreja católica romana).

É inerente à natureza humana buscar brechas na lei e, nesse caso, encontrou-se uma em forma de "anulação", que significava reconhecer e declarar que o casamento não era "apropriado", desde o início, geralmente por ter sido imposto ou forçado ou por não ter sido consumado. O fato de que esse recurso parecia ser disponibilizado mais facilmente àqueles que faziam grandes contribuições aos fundos da igreja é mais uma observação a respeito da natureza humana. A recusa do papa em conceder a anulação de casamento ao Rei Henrique VIII foi a centelha que desencadeou a Reforma Anglicana.

A ERA DA REFORMA

Houve tentativas de reforma da igreja romana na Inglaterra (por exemplo, John Wycliffe) e na Boêmia (Jan Hus), mas foi na Alemanha (com Martinho Lutero) que o perfil religioso do norte europeu foi radicalmente modificado. Seus "protestos" começaram por conta do uso abusivo de "indulgências" – venda de tempo reduzido no "purgatório" (outra inovação da igreja romana) – que financiaram a construção da Basílica de São Pedro, em Roma. Muitos outros abusos e distorções foram rapidamente identificados, julgados à luz das Escrituras somente (*sola scriptura*), como a autoridade máxima em toda a igreja. Por exemplo, Lutero não encontrou nada nas Escrituras sobre a exigência do celibato para "sacerdotes", portanto, ele se casou com uma freira e encorajou outros a fazerem o mesmo. Entretanto, a mudança de postura com respeito ao divórcio e ao casamento após a separação teve origem na Holanda.

A Reforma coincidiu com outro movimento, que teve início na Itália e foi chamado de "Renascimento". Foi uma redescoberta da cultura "clássica" greco-romana. Com o Renascimento surgiram componentes como a força da razão (Iluminismo), a visão otimista da natureza e da capacidade humana (Humanismo), que mais tarde seria o maior desafio bíblico que o cristianismo enfrentaria (por exemplo, o debate sobre a criação e a evolução, que ainda impera).

Alguns, os chamados humanistas cristãos, tentaram unir esses grandes movimentos. Entre os teólogos de renome, destaca-se Erasmo de Roterdã. Ele publicou uma versão do Novo Testamento em grego, que, mais tarde, Lutero usaria como base quando se escondeu para traduzir a primeira Bíblia para o alemão. Ela exibia as falhas da versão em latim, a única versão conhecida até então. Ele compartilhava a revolta de Lutero com Roma, mas discordava dele quanto à forma como a reforma deveria ser instituída: pela pressão interna ou por protestos externos.

Uma das contribuições importantes de Erasmo ao pensamento protestante foi encontrar uma nova "exceção" para o divórcio e o casamento após o divórcio. Preocupado com a atitude "desumana" de Roma com relação a quem se divorciasse, ele pesquisou nas Escrituras algo que pudesse aliviar o drama dos divorciados e se deparou com o conselho de Paulo aos convertidos casados com parceiros descrentes e hostis. Ele acreditava que a indicação "não fica debaixo de servidão" referia-se a uma condição futura e, portanto, o parceiro convertido estava livre para se casar novamente. Essa condição tornou-se conhecida como a "exceção de Erasmo" e foi adotada pela maioria, se não pela totalidade, dos reformadores protestantes. Embora tenha sido aplicada no início somente ao abandono do parceiro não convertido, ela eventualmente se tornou uma "deserção" de qualquer um dos parceiros, até mesmo do parceiro convertido.

Essa visão de "exceção para ambos os parceiros" perdurou ao longo da época "puritana" e foi incorporada na famosa "Confissão de Fé de Westminster". Ela é sustentada por muitos evangélicos atualmente (veja as obras de John R. W. Stott). Paralelamente, há hoje também uma grande variedade de opiniões.

A ERA MODERNA

O contexto de nossa análise é o século XX e, principalmente, a Inglaterra, local mais conhecido pelo autor. Nesse contexto, a característica do cenário eclesiástico a ser considerado é a diferença entre a igreja da Inglaterra e outras denominações (não a católica romana), ou seja, a igreja "de confissão anglicana" e a igreja "anglicana reformada". Esse padrão se reproduz em outras regiões da Europa, especificamente na Escandinávia luterana, no norte, e alguns países católicos, no sul.

1. CONFISSÃO ANGLICANA – IGREJA DA INGLATERRA

Surgida do rompimento entre o papa e o rei em razão de seu divórcio e consecutivos casamentos, era talvez inevitável que a igreja da Inglaterra fosse acometida por problemas relacionados à moral sexual. Um alicerce mal feito pode pôr em risco toda a estrutura da obra e ela pode desmoronar (há quem diga que isso já está acontecendo com relação às controvérsias sobre a ordenação de mulheres e homossexuais como bispos).

Henrique VIII, uma espécie de teólogo amador, escreveu, no início de seu reinado, um livro cujos escritos se contrapunham às ideias de Lutero e pelo qual o papa lhe conferiu o título de "Defensor da Fé" – título que ainda hoje é utilizado pelos monarcas britânicos e cunhado nas moedas britânicas. Depois de seu desafiador rompimento com Roma e da subsequente "dissolução" (confisco e destruição) dos monastérios da igreja romana durante seu reinado, Henrique tornou-se um simpatizante do protestantismo continental. Ao longo dos reinados subsequentes, a igreja alternou entre Roma e Canterbury, dependendo da preferência dos sucessivos monarcas, com uma perseguição sangrenta de ambos os lados. A "consolidação" da igreja anglicana por Elizabeth I resultou em uma fusão peculiar (alguns historiadores a qualificam como uma trapalhada tipicamente inglesa ou, na melhor das hipóteses, uma trégua embaraçosa) da espiritualidade católica e protestante. Isso originou uma estrutura "guarda-chuva", inclusiva, que se gabava de ser uma "família" que abrigava aqueles que recorriam às Escrituras (a ala "inferior"), à razão (a ala "ampla") ou à tradição (a ala "superior"). A ala "superior" ganhou destaque no século XIX. A liderança se concentrou nas mãos da ala "ampla" no século XX, mas na segunda metade do século, a ala "inferior" tornou-se uma importante influência no âmbito das classes populares. Esse leque adquire uma forma de ferradura no que diz respeito às normas doutrinárias e éticas: a ala "superior" e a ala "inferior" se aproximam uma da outra e ambas se distanciam da ala "ampla".

Inevitavelmente, tal aproximação gera controvérsias. Foram instituídas várias comissões para tratar do casamento, do divórcio e do casamento após o divórcio, uma vez que as leis do Estado tornaram-se mais flexíveis, exigindo o estabelecimento de uma igreja cuja autoridade máxima fosse o monarca reinante, cujos bispos fossem indicados pelo primeiro-ministro (com aconselhamento), em uma cerimônia que tivesse de ser aprovada pelo Parlamento. Com a pressão política externa e as diferenças teológicas internas, não é de admirar que tenham sido geradas tantas discussões e tão pouca convicção em torno do nosso assunto.

Teoricamente, as "leis canônicas" permitem o casamento de pessoas divorciadas nas igrejas das paróquias, embora muitos poucos párocos o façam de fato e aleguem a necessidade da aprovação do bispo. A maioria se recusa a celebrar a cerimônia, mas oferece o que, informalmente, se chama de "benção", ou seja, uma oração de dedicação (consagração) do casal, após o casamento civil, em um cartório ou qualquer outro local autorizado. Para quem não é anglicano, isso parece concessão, até mesmo hipocrisia. Se Deus pode abençoar o casamento, por que não abençoaria a cerimônia? Se Deus não pode abençoar a cerimônia, como poderia abençoar o casamento? O fato é que se trata de uma "benção religiosa" somente, para deixar todos satisfeitos e o casal e o clero com a consciência tranquila.

2. A IGREJA ANGLICANA REFORMADA

Livres de restrições políticas e, em alguns casos, livres também de controle centralizado, as igrejas "reformadas" estão, de modo geral, mais preparadas para enfrentar mudanças e se "adaptar" às transformações sociais. Elas também parecem estar livres para aceitar o fruto do Iluminismo na teologia alemã, o "criticismo superior" das Escrituras, que questionava sua fonte e seu conteúdo sobrenaturais. O "criticismo inferior" limitava-se à busca de um texto original mais preciso em comparação às cópias manuscritas remanescentes. Portanto, o "liberalismo" invadiu muitos púlpitos da igreja Anglicana Reformada.

Como resultado, cresceu a disposição para casar pessoas divorciadas; primeiramente somente aqueles que eram considerados a parte "inocente", mas mais tarde a parte "culpada" também. Alega-se que a recusa em casar divorciados faria do divórcio um pecado imperdoável e, portanto, seria uma atitude contrária à compaixão e ao perdão divinos.

Um número cada vez maior de igrejas oferece ministérios de apoio a divorciados com o objetivo de ajudá-los a superar um trauma que é comparável ao trauma da viuvez; mas oferece respostas discrepantes e ambíguas às dúvidas sobre novo casamento após o divórcio.

Nos EUA, onde todas as igrejas são "livres" (reformadas), divorciar-se e casar-se novamente são práticas comuns dentro e fora das igrejas, até mesmo entre pastores e membros de igrejas evangélicas que afirmam acreditar e seguir a Bíblia.

Na África, os anglicanos, tanto os independentes como os nativos, tendem a ser mais conservadores e demonstram inquietação com relação à ambiguidade do anglicismo em outras partes do mundo.

Tudo isso evidencia a diversidade das crenças e das práticas dentro do Corpo de Cristo. Os historiadores devem estar arrancando os cabelos com esta análise concisa e simplificada de um período de dois mil anos, mas ela é suficiente para demonstrar que o crédito de guia infalível da igreja é uma prática equivocada e enganosa, rincipalmente quando ela parece estar seguindo o espírito do mundo (século) e não o Espírito Santo e as Escrituras por Ele inspiradas.

É nesse contexto que temos que formular o que deveríamos dizer às pessoas de nossa geração.

8
O QUE DEVEMOS DIZER

Este capítulo foi escrito essencialmente para pregadores, mestres, conselheiros, pais, enfim, todos aqueles que têm a responsabilidade de transmitir os princípios éticos cristãos. Eles não podem alegar ignorância no assunto.

Antes de examinarmos o *que* precisa ser transmitido, há a questão de *quando* deve ser transmitido. Muito frequentemente, o assunto surge em meio a circunstâncias extremamente emotivas e pessoais, quando muitas pessoas sentem que o problema já está demasiadamente difícil e qualquer interferência parece inapropriada.

Portanto, é essencial que ele seja parte constante de qualquer currículo de ensino, principalmente nos púlpitos e nas plataformas das igrejas. A forma menos agressiva de fazer isso é utilizar sistematicamente os evangelhos sinópticos nas exposições bíblicas, uma vez que o tema aparece de forma inevitável e natural. A única tentação é mencionar outros evangelhos paralelamente (por exemplo, quando se faz uma interpretação crítica da postura categórica de Marcos para enfatizar a exceção de Mateus).

Igrejas com ministérios de ensino mais temáticos, que recebem constantemente diferentes pregadores, enfrentam a difícil tarefa de assegurar que o assunto seja incluído no programa e de encontrar alguém disposto a apresentá-lo e discuti-lo! Existe ainda o problema de incentivar a especulação sobre o motivo de introduzir o assunto ("por que agora?" e "para quem serve?"). É importante incluir o assunto em qualquer programa para adolescentes e jovens na faixa etária dos vinte anos – grupos que mais provavelmente estarão pensando em se casar. É especialmente importante incluí-lo em cursos preparatórios para casais de noivos, individualmente ou em grupo (lembrando que vivemos dias em que são firmados acordos pré-nupciais de divisão de bens "se o casamento não der certo"). O divórcio e o novo casamento são tão amplamente aceitos como uma prática normal que os jovens cristãos podem achar normal também, a menos que sejam alertados com antecedência.

Isto é o que podemos chamar de instrução abrangente. Há duas situações específicas que precisam ser urgentemente tratadas. Os líderes cristãos podem se esquivar de confrontos, mas a responsabilidade de repreender faz parte de seu chamado (2Timóteo 4.2; Tito 2.15), inclusive em público (1Timóteo 5.20).

O primeiro caso é o de casais cristãos que estão pensando em se separar porque o marido e a mulher não se amam mais ou porque se apaixonaram por outras pessoas. É preciso que alguém explique a eles a diferença entre o amor humano e o amor divino (*eros* e *agape*), que fale sobre a gravidade de quebrar os votos de união e a aliança que fizeram diante do Senhor e, acima de tudo, que diga que os cristãos que se separam devem permanecer solteiros pelo resto de suas vidas ou devem se reconciliar com o cônjuge (1Coríntios 7.11). Contudo, de acordo com a experiência do autor, nenhum desses conselhos provavelmente surtirá muito efeito para aqueles que aprenderam que a salvação nunca estará ameaçada (consultem meu livro *Once Saved, Always Saved?* Hodder, 1996 – sem tradução para o português).

O segundo caso é o mais difícil de ser abordado, em

que os casais já se anteciparam, se divorciaram e se casaram novamente. Muitos líderes apresentam razões (justificativas?) para não interferir nesses casos, praticamente com a alegação de que já era "tarde demais" para fazer ou até mesmo para dizer alguma coisa a respeito.

Um dos argumentos é o de que tudo aconteceu antes de o casal se converter. Para alguns, isso não importa e agora faz parte de seu passado, em que "tudo já foi perdoado", e, portanto, é irrelevante à questão da membresia ou liderança da igreja, da qual fazem parte as "novas criaturas em Cristo". Porém, nós já salientamos que a conversão não muda nosso estado civil de "casados" (ou "divorciados"); que Deus está presente em todos os casamentos, não importa onde sejam celebrados, em um jardim (Éden), um cartório ou uma igreja ("cristã" ou não); e que as restrições de Jesus ao divórcio e ao novo casamento se aplicam a "todos".

O tempo é um fator frequentemente apresentado como uma circunstância atenuante. "Isso tudo aconteceu há dez/vinte/trinta/quarenta anos". Presume-se que a responsabilidade pelas ações do passado diminui gradualmente com o passar dos anos. O Dia do Juízo Final será um choque para muitos, quando suas vidas serão completamente passadas a limpo. A memória e, portanto, a consciência, podem se tornar mais tênues, mas ambas podem ser reavivadas por um encontro com a mortalidade. Porém, nós não somos capazes de apagar os registros divinos e isso ficará evidente quando os livros forem abertos (Apocalipse 20.12). Somente Deus pode "riscar" alguém ou algo de seu "livro" (Êxodo 32.33; Apocalipse 3.5), o que obviamente é a essência das boas-novas do evangelho (Jeremias 31.34), para aqueles que se arrependem (Atos 3.19).

Talvez, o argumento mais comovente para aceitar a situação sejam os filhos, frutos inocentes da relação. Ou seja, quando o casal que se divorciou e casou novamente gerou filhos, que poderiam sofrer bastante com os questionamentos da legitimidade do relacionamento de seus pais. Curiosamente, aqueles que sugerem esse problema raramente parecem se preocupar com os filhos dos casamentos anteriores, que foram abandonados quando o divórcio os privou de uma vida normal em família; mas é compreensível que se preocupem em evitar outra tragédia semelhante.

Apesar dessas objeções, é melhor encarar a verdade agora do que quando tudo for revelado. Melhor ficar constrangido agora do que envergonhado depois.

Em termos gerais, para orientar aqueles que já estão na contramão das normas e dos padrões do Novo Testamento, podem ser usadas duas abordagens: por precedente e por princípio. A primeira tende a ser legalista; a segunda é, na verdade, mais afetuosa.

POR PRECEDENTE

O direito comum inglês é, em grande parte, baseado em precedentes. Os advogados de defesa e acusação geralmente recorrem a julgamentos anteriores quando apresentam seus casos, na esperança de receberem um veredito semelhante. Cada julgamento é inserido em um enorme banco de registros para consultas futuras. Uma das tarefas no treinamento de um advogado é memorizar exemplos relevantes.

Essa abordagem pode ser inadvertidamente transferida da esfera legal para a esfera moral. Não houve consequências para o que os outros fizeram, principalmente se saíram impunes: "se os outros podem fazer, eu também posso".

Toda vez que este autor participou de seminários voltados para a liderança da igreja com o objetivo de discutir a questão do divórcio e do novo casamento, as discussões, predominantemente, gravitavam em torno de experiências particulares, muitas vezes bem longas, que terminavam com a pergunta: "o que você faria neste caso?". Há muito tempo percebi que eles esperam obter um precedente, para poder citar depois, com base no bom senso, na experiência e nos conhecimentos, meus ou de outras pessoas. O que eles querem é um compêndio de relatos de casos, que eles podem pesquisar para encontrar uma situação parecida e saber como foi resolvida, e que posteriormente podem usar para resolver os problemas pastorais. É muito mais fácil copiar a prática de outras pessoas do que desenvolver a sua própria!

Os judeus fizeram o mesmo em documentos como Midrash, Talmude e Targum. Até mesmo na época de Jesus, eles haviam estendido a observância do Shabat em dezenas de requisitos detalhados e aplicações precisas, que ele classificou como "tradições dos homens". Se os cristãos tivessem seguido o exemplo, teríamos um volume extenso e caro!

Há tantas variáveis em um divórcio. De quem foi a iniciativa, do marido ou da esposa? Ambos eram convertidos? Nenhum ou um deles? Quais foram os *verdadeiros* motivos da separação (geralmente há mais de um)? Quem é a parte inocente (não é tão simples quanto parece)? Teve como base a ignorância ou a desobediência? O casal tem filhos? Trata-se do primeiro, segundo ou terceiro casamento? Qual era a idade dos cônjuges? Há quanto tempo ocorreu o divórcio? Houve pressão de terceiros para se separarem ou continuarem casados? Perguntas como essas podem ser feitas também em casos de casamento após o divórcio.

As complexidades de cada situação levaram muitos conselheiros a adotar uma atitude "relativista" na análise de cada caso individualmente, com base em seus próprios méritos (ou deméritos), e recomendar o que julgar a melhor solução ou a "mais aceitável" de acordo com as circunstâncias. Essa flexibilidade tem tido apoio teológico na "ética situacional" de Fletcher, que se baseia na premissa de que "o amor é o único absoluto" no comportamento dos cristãos. Isso reduz qualquer problema a uma simples questão: qual a solução mais afetuosa para todos os envolvidos? É claro que depende do que se entende por "amor"! O perigo dessa abordagem reside no fato de que ela se afasta das Escrituras e se limita ao plano sentimental.

O fato é que o Novo Testamento não contém nenhum precedente, nem mesmo no caso da narrativa da mulher no poço em Samaria, que brada por mais informações! Podemos deduzir que Deus não quer que tratemos o assunto dessa forma, senão ele teria nos dado alguns exemplos.

No outro extremo estão aqueles que acreditam que cada situação é única e diferente das outras. Portanto, não existe uma "fórmula" para um conselho a ser dado, da mesma forma como não existe nenhuma situação parecida que possa ser mencionada. É necessário ter *sabedoria*. Porém, há dois tipos de sabedoria. A sabedoria humana vem de dentro, se adquire com a experiência, e geralmente sugere qual é a melhor forma de agir em determinada situação. A sabedoria divina vem do alto (Tiago 3.17), pode ser prontamente suscitada como "uma palavra de sabedoria" (1Coríntios 12.8) e está centrada na forma *correta* de agir em determinada situação.

Ela está, portanto, mais diretamente relacionada com os princípios morais, que devem ser empregados em todas as situações. Desta forma, ser "sábio" é saber como aplicar esses princípios, e não como esquivar-se deles; tarefa para a qual o emprego do adjetivo "inteligente" é mais apropriado.

POR PRINCÍPIO

Quatro princípios devem ser aplicados àqueles que já se divorciaram e se casaram novamente, a saber: pecado, arrependimento, perdão e disciplina. Os três primeiros são essencialmente questões individuais e o último tem uma dimensão coletiva.

1. PECADO

Essencialmente, o vício é algo ruim que fazemos a nós mesmos; o crime é algo ruim que fazemos aos outros e o pecado é algo ruim que fazemos a Deus. Pecamos quando agimos de acordo com nossa vontade própria em vez de nos submetermos à vontade de Deus. Quando contestamos seus padrões morais e definimos nossos próprios padrões. Quando "somos destituídos da graça de Deus" (de sua perfeição). Poucas pessoas discordariam da definição bíblica de nossa natureza pecaminosa: "Não há nenhum justo, nem um sequer" (Romanos 3.10) e "Todos pecaram" (Romanos 3.23).

Entretanto, reconhecer isso não é algo natural para nós. Somos peritos em apresentar justificativas e colocar a culpa em outros. Precisamos da ajuda das Escrituras e também do Espírito Santo para estimularmos nossa consciência a ser persuadida (convencida). Essa é uma das razões pelas quais Deus deu a lei para Israel: "é o caminho reto da lei que mostra como somos tortuosos" (tradução de Romanos 3.20 por J. B. Phillips, em *Letters to Young Churches* – sem tradução para o português).

Pecar significa violar seus mandamentos, dos quais o sétimo proíbe o adultério. O raciocínio é simples:

O adultério é pecado.

Jesus disse que o casamento após o divórcio é adultério.

Portanto, tais casamentos constituem pecado.

Entretanto, vivemos em uma época em que, cada vez mais, relutamos em chamar pecado de "pecado". A expressão "viver em pecado" não é mais "politicamente correta" e se tornou "viver com o parceiro". Por que o "pecado" é tão ofensivo?

Por um lado, ele nos lembra de Deus. É uma de suas palavras, não nossas. Encaramos as falhas humanas como fraquezas ou erros. Ele as vê como pecados contra si e contra sua criação.

Por outro lado, o pecado nos lembra do julgamento. Um dia, prestaremos contas a ele de nossos pecados e, como ele é justo, castigará os pecadores. Esse pensamento não é mais aceitável. A palavra "castigo" foi substituída por "recuperação", exceto em casos de crimes extremamente desumanos. As "prisões abertas" (um paradoxo, se é que isso existe) parecem mais acampamentos de férias com pensão completa. E quanto ao fogo eterno do inferno, como poderia o pior dos pecadores merecer algo assim?

Desse modo, usar a palavra "pecado" para designar qualquer falha do comportamento humano é considerado ofensivo, e, até que esse comportamento seja reconhecido como tal, o evangelho não poderá ser pregado nem valorizado. A mensagem do evangelho é primeiramente negativa para então se tornar as boas-novas (Romanos 1-3 antecedem os outros capítulos). Agora que entendemos este primeiro princípio, podemos passar para o segundo.

2. PERDÃO

Esta é a verdade mais pura e cristalina: o próprio Deus quer perdoar e esquecer nossos pecados, apagá-los de seus registros, afastá-los para longe de nós como o Oriente está longe do Ocidente, e enterrá-los nas profundezas do mar. As Escrituras usam o vocabulário humano em toda sua extensão para descrever essa verdade maravilhosa.

Entretanto, é fácil esquecer que seria absolutamente imoral para um Deus generoso fazer isso a menos que nossos pecados já tenham sido pagos e sua justiça já tenha sido satisfeita – por outra pessoa em nosso lugar. Para fazer isso, ele enviou seu próprio filho, que sofreu a pena mais extrema que o homem já criou para punir uma transgressão: a lenta, humilhante e agonizante execução pela crucificação. Todos os atos de perdão divino foram escritos em sangue: o sangue de Jesus. O perdão dos pecados pode não ter custado nada para nós, mas para ele custou muito caro.

É preciso enfatizar que o divórcio e o novo casamento não são atos imperdoáveis, embora alguns cristãos tenham sido acusados de considerá-los como tal. Existe um pecado "imperdoável", que é chamar a ação de Deus de ação do diabo, chamar o bem de mal (e o mal de bem?) até que não consiga mais saber a diferença entre os dois (leia Mateus 12.22-32). Portanto, é essencial assegurar aos casais que se divorciaram e se casaram novamente de que eles podem ser perdoados de forma absoluta e definitiva. Pode ser como se nunca tivesse acontecido!

Parece haver pouca ou nenhuma relutância em aplicar esse princípio. Os conselheiros parecem demasiadamente ávidos por oferecer tal consolo àqueles que estão com a consciência pesada. Isso é feito em nome do amor de Deus e da compaixão de Jesus, que são ambos parte da verdade, mas não toda a verdade. Quando se põe muita ênfase nesses dois elementos, em detrimento de outras verdades, são cometidos dois erros comuns.

Primeiro, o perdão se torna *desconectado*. Por um lado, desconectado do pecado, que nós já discutimos. Por outro lado, desconectado da santidade, que é também um elemento essencial na proposta do evangelho. O perdão não é um fim, mas um meio para se alcançar um fim. Ao permitir que sejamos reconciliados com Deus, o perdão abre a porta para a possibilidade (não a inevitabilidade) de nos tornarmos parecidos com ele, santos como ele é santo. Em termos teológicos, o propósito da justificação é levar à santificação, que, por sua vez, conduz à glorificação, a meta final de nossa salvação. Quando corretamente compreendido e apropriado, o perdão é somente o primeiro passo no processo de "salvação" que, por sua vez, requer muitos outros passos até que seja completo.

O segundo erro é que o perdão se torna *incondicional*. Não encontramos esse adjetivo em nenhum trecho das Escrituras, mas nas últimas décadas ele tem sido constantemente associado ao amor de Deus e, implicitamente, ao seu perdão. Quer dizer que não há nada que possamos fazer para merecê-lo (uma verdade) e que nada é preciso fazer para recebê-lo (uma inverdade). O perdão não é concedido independentemente da resposta humana, fosse assim ninguém nunca seria "enviado" para o inferno (na Bíblia, o verbo empregado é "lançado", o mesmo usado para a ação de descartar lixo), e esse fogo terrível se tornaria nada mais do que uma ameaça inexistente.

A seguir, abordaremos o terceiro princípio, que é o mais difícil de ser aplicado ao contexto que estamos analisando.

3. ARREPENDIMENTO

Em nome da "graça livre", alguns pregadores estão ensinando que o arrependimento não é um requisito para a salvação e, portanto, tampouco para o perdão dos pecados. Eles devem ter alguma dificuldade em captar sua relevância no Novo Testamento! Tanto João quanto seu primo Jesus chamavam as pessoas "ao arrependimento e à fé". Em seu primeiro sermão, no dia de Pentecostes, Pedro disse aos ouvintes "arrependam-se e sejam batizados". Paulo disse aos atenienses que Deus "agora ordena que todos, em todo lugar, se arrependam".

Contudo, o que realmente significa "se arrepender"? Com certeza, arrependimento é algo que começa no *pensamento*, literalmente uma mudança de mentalidade (do latim, *re-* mais *poenitere*, "sentir contrição ou mágoa por uma má ação"). Vislumbrar o pecado do ponto de vista de Deus, odiar o pecado como ele o odeia, é uma mudança radical de perspectiva. Tal convicção leva à confissão, à manifestação da tristeza e do lamento em *palavras*. Porém, arrepender-se é mais do que se sentir pesaroso ou até mesmo pedir desculpas; alguém demonstra o arrependimento genuíno e verdadeiro pelas *ações*, com uma mudança no estilo de vida. João Batista ordenou que mostrassem "frutos dignos de arrependimento" e ofereceu exemplos práticos (Lucas 3.7-14). Paulo esperava dos convertidos que praticassem "obras que mostrassem o seu arrependimento" (Atos 26.20). Seria bom se todos os evangelistas exigissem o mesmo hoje em dia!

Da mesma forma como "a fé sem ações está morta e não pode salvar" (Tiago 2.14-26), com o arrependimento acontece o mesmo; ambos exigem *ações*. O arrependimento envolve uma mudança de curso na vida, uma conversão (retorno), distanciando-se dos pecados e movendo-se em direção a Deus. As obras ou ações de arrependimento serão negativas e positivas.

As ações positivas do arrependimento implicam corrigir tudo o que puder ser corrigido. Nós as chamamos de "restituição". Incluem desde pedidos de perdão a quem ofendemos, incluindo o pagamento de dívidas, até uma confissão de crimes à polícia. Elas trazem paz de espírito e até mesmo alegria ao coração.

As ações negativas de arrependimento implicam a renúncia e a reparação. Isso significa abandonar desde maus hábitos até relacionamentos ilícitos. Aqueles que ficam angustiados com a possibilidade de ter de romper definitivamente com o pecado descobrirão que, se verdadeiramente abominarem o pecado, como o próprio Deus abomina, receberão dele o poder para agir e serão por ele "conduzidos ao arrependimento" (Atos 11.18). A definição de arrependimento na visão de um garoto em idade escolar é tão boa quanto qualquer outra: "sentir-se tão triste e arrependido a ponto de parar de pecar".

O Novo Testamento contém advertências claras e duras

a qualquer pessoa que deliberadamente insista em manter um comportamento pecaminoso depois de "receber o conhecimento da verdade" (Hebreus 10.20-31 é justamente uma delas). Essas advertências são escritas em uma linguagem bastante categórica. Já não resta sacrifício à disposição de quem deliberadamente desobedece (a exemplo dos sacrifícios levíticos que se aplicavam somente àqueles que "pecam sem intenção"; Levítico 4.2, 13, 22, 27).

O Filho de Deus foi "pisoteado". O Espírito da Graça foi insultado. A resposta correta a tais terríveis consequências é o temor de "cair nas mãos do Deus vivo" e no "fogo consumidor", que consome aqueles que abusam de sua generosidade.

Isso nos leva ao cerne da questão que confrontamos. O que as pessoas que já se divorciaram e se casaram novamente devem *fazer* a respeito? No caso de qualquer outro tipo de pecado, a resposta é parar de fazer. Pensem no oitavo mandamento, por exemplo: "Não furtarás", que vem logo depois do mandamento que proíbe o adultério. O Novo Testamento endossa a proibição: "O que furtava *não* furte mais" (Efésios 4.28). Ambos foram escritos antes da criação dos estados de bem-estar social, quando as famílias pobres eram confrontadas com a escolha entre furtar ou passar fome, ou pior ainda, furtar ou ver seus filhos passarem fome. Muitos pais escolheram furtar, apesar das punições severas (ainda há pouco tempo, na Inglaterra, a pena por furtar um pedaço de pão era a execução por enforcamento). Naqueles dias, para fazer a oração que Jesus ensinou a seus discípulos ("dá-nos hoje o nosso pão de cada dia") era preciso ter muito mais fé do que se tem hoje, no mundo desenvolvido, e em muitas regiões, ainda é. Porém, para aqueles que creem, ricos ou pobres, furtar não é uma opção. A opção é trabalhar, com a esperança de ganhar o suficiente para repartir com outros, em vez de furtar (novamente, Efésios 4.28).

No entanto, os líderes cristãos relutam demasiadamente em aplicar a mesma lógica aos "relacionamentos adúlteros" de pessoas que se divorciam e se casam novamente. Curiosamente, muitos não hesitariam em tratar severamente um caso de adultério cometido por cristãos, dizendo a eles para terminarem o relacionamento e voltarem para seus parceiros. É como se um divórcio seguido de um casamento, ambos realizados legalmente, mudasse a situação aos olhos do Senhor e uma categoria diferente de adultério fosse criada – um adultério que não precisa ser interrompido.

Pelo menos, esses casais precisam estar *absolutamente* certos de que o Senhor deu permissão para continuar "vivendo em pecado". Este autor já foi confrontado com várias alegações de que "revelações especiais" isentam os crentes da aplicação dos ensinamentos do Senhor. Alguns até mesmo me disseram, *antes* do divórcio, que o Senhor havia lhes dito para se separarem de suas esposas e se casarem com alguém que fosse mais útil no ministério, e a todos dei a mesma resposta: "Não sei se chamo isso de bobagem ou de blasfêmia". Estou pronto para acreditar que o Deus que criou as regras está acima delas e pode mudá-las. Porém, desconfio quando sua liberdade de fazer essa mudança corresponde exatamente a nossas ideias e nossos desejos!

Todos os casais que passaram por aconselhamento haviam se convencido de que são uma "exceção" aos olhos do Senhor, com base em revelações bíblicas ou individuais. Tanto que as exceções se tornaram a regra e o que Jesus considerou uma minoria se tornou a maioria. Este parece o momento adequado para introduzirmos o quarto princípio.

4. DISCIPLINA

Já discutimos o que as igrejas deveriam estar *ensinando* de modo geral. Contudo, outro aspecto deve ser considerado, o que elas deveriam estar *fazendo* em casos específicos.

A "disciplina" era considerada uma das marcas essenciais de uma igreja verdadeira, bem como a pregação da palavra e a ministração do batismo e da ceia. Ela era aplicada desde a confissão até a exclusão (excomunhão), e em muitas outras situações (nas repreensões, por exemplo) entre esses dois momentos. A igreja é uma família e, como tal, tem a responsabilidade de disciplinar seus "filhos", uma prática que somente é viável quando os próprios "pais" são disciplinados.

Poucas igrejas aplicam a disciplina a seus membros hoje em dia, especialmente no mundo "ocidental". Muitas comunidades contemporâneas não têm nem mesmo sua instituição reconhecida para poder aceitar ou recusar membros. A Ceia do Senhor está francamente aberta a todos. No entanto, um número cada vez maior de cristãos se recusa a se submeter ao cuidado do presbitério. Isso tudo faz parte de um individualismo generalizado que considera a religião um assunto pessoal e privado. "Que direito as pessoas têm de me dizer o que fazer?"

O Novo Testamento nos dá orientações para nortearmos nossa vida comunitária e nossa vida pessoal. Vejam, por exemplo, a má conduta sexual em Corinto, um escândalo público que refletiu na igreja e no evangelho que ela pregava. Um homem cometeu incesto com sua mãe (ou, possivelmente, com sua madrasta). Paulo teria agido, mas fez com que a igreja encarasse sua própria responsabilidade de agir. Essa responsabilidade é de toda a igreja, não somente dos presbíteros (um ponto vital para evitar a tensão entre os líderes e os membros). Paulo lhes disse o que eles deveriam fazer quando estivessem "reunidos em nome de nosso Senhor Jesus", ou seja, "entregar esse homem a Satanás, para que o corpo seja destruído, e seu espírito seja salvo no dia do Senhor" (todas as formas de disciplina têm em vista a salvação). Tudo isso está registrado nas Escrituras

(1Coríntios 5.1-12), incluindo orientações gerais sobre como a igreja deveria "julgar" os cristãos sexualmente imorais, avarentos, idólatras, caluniadores, alcoólatras ou ladrões. Os crentes não deveriam nem mesmo se associar a eles, especialmente para comer juntos. Paulo cita Deuteronômio (17.7; 19.9; 22.21, 24; 24.7) para dizer para a comunidade: "Eliminem o mal do meio de vocês". Penso que haveria uma queda e tanto do número de membros de algumas igrejas! Há uma sequência interessante em Corinto (2Coríntios 2.5-11). Um membro "punido" cai em si e se arrepende. Paulo diz que, embora ele tenha sido desligado pela "maioria" (deve ter sido definido pelo voto dos membros em uma reunião), eles devem perdoá-lo e acolhê-lo novamente na comunidade.

Quantas igrejas hoje seguiriam esse procedimento? O autor se recorda de uma ocasião em que esteve em outro país para pregar em duas igrejas, ambas com milhares de membros. O pastor de uma delas estava em seu terceiro casamento, após dois divórcios. Esse pastor e os presbíteros da igreja estavam em vias de expulsar uma mulher que pretendia se divorciar e casar novamente sem nenhuma justificativa sustentada pelas Escrituras. Qual fato você acha que estava sendo mais comentado e acarretando um escândalo que poderia prejudicar a reputação da igreja? Sim, você tem razão! Em que mundo vivemos!

Em uma situação ideal, quando há algo errado, a igreja deveria se envolver desde o início. Casais com dificuldades no casamento precisam de apoio e orientação, embora nem sempre reconhecem essa necessidade. Quando a situação chega a um ponto em que se cogita o divórcio e, possivelmente um segundo casamento, o conselho dos presbíteros e dos membros mais antigos da comunidade é altamente necessário, mas pouco solicitado. Mesmo quando se trata de um *fato consumado*, a igreja ainda assim tem a responsabilidade de dizer e de fazer algo, o que frequentemente não acontece. Em tempos de secularismo, quando a religião é privatizada, a igreja é tentada a seguir o exemplo, sua interferência nos assuntos internos é tida como uma ofensa. É exatamente em situações como essas que, como indivíduos ou como membros integrantes de uma comunidade, nosso compromisso com as Escrituras é seriamente posto à prova. E temos que admitir que não passaremos no teste com louvor. Talvez este livro nos ajude a fazer uma eventual "revisão".

Tenho observado a disciplina da igreja com relação a esse assunto em ambos os extremos do espectro eclesiástico, a saber, entre os Irmãos de Plymouth (no Brasil, Casa de Oração) e os católicos romanos (estes ilustram sua posição com a anulação dos votos de casamento em algumas situações). A imposição dos anglicanos de se recusarem a casar divorciados, mas a concessão em abençoar o casamento depois que foi consumado, parece, para qualquer observador, o cúmulo da contradição, senão hipocrisia, mas abranda a consciência tanto do clero quanto dos casais.

Parte do problema é que muitas igrejas sofrem com a falta de uma liderança comunitária composta de homens. Se uma única pessoa tentar elevar os padrões, atrairá toda a oposição para si. Porém, a raiz do problema é a falta de coragem para dizer "não", que provém de um medo muito maior dos homens do que de Deus e da relutância em repreender. Quando a igreja está lutando para sobreviver, a possibilidade de perder membros insatisfeitos se torna uma ameaça.

Entretanto, uma igreja que baixa seus padrões para não perder membros simplesmente encoraja os membros indisciplinados a baixar seus próprios padrões, tanto em sua fé quanto em seu comportamento. O método de Cristo era exatamente o oposto: ele erguia as pessoas para que elas pudessem satisfazer seus elevados padrões de conduta santa. Somos chamados a fazer o mesmo.

Nota do autor
Este capítulo foi escrito com base no pressuposto de que os leitores já compartilhavam minha convicção (de que "fornicação" se refere à promiscuidade pré-matrimonial, revelada ou descoberta antes do casamento) ou que passaram a concordar comigo após minha apresentação. Neste caso, a exceção de Jesus é comparativamente rara fora dos círculos judeus, o que significa que quase todos os casos de divórcio, e subsequentes casamentos, são hoje ilegítimos aos olhos de Deus e meu conselho é absolutamente pertinente.

Contudo, reconheço que a maioria dos críticos, analistas, tradutores, pregadores e professores da Bíblia têm uma interpretação contrária (de que "fornicação" se refere a adultério reincidente após o casamento). Por esta razão, respeito a opinião deles, embora não a aceite. Porém, questiono seu emprego (abuso?) com o objetivo de fazer da exceção uma regra e insisto que é preciso tomar o máximo cuidado para garantir que essa seja a razão, fundamentação e base legítimas para o divórcio e não uma desculpa, uma racionalização. A "fornicação", portanto, se aplica a alguns casos de divórcio, mas muitos deles, senão a maioria, são ilegítimos e, para casos como esses, este capítulo é oportuno.

Completando o título de meu livro, casar-se novamente é adultério, a menos que o cônjuge tenha falecido. Neste caso, qualquer pessoa será livre para se casar novamente e o casamento será abençoado por Deus, pela igreja e pelos cristãos, contanto que o novo parceiro seja convertido. Essa é minha palavra final. O "epílogo" simplesmente discorre sobre outro fato que é fruto de minha experiência.

Sou grato a todos por terem lido este livro. Deus os abençoe e os guie para que cheguem as suas próprias conclusões, pelo amor de seu nome. Amém.

EPÍLOGO

"Sr. Pawson, o senhor está nos acusando de viver em pecado?". A provocação partiu de um casal de meia idade, após minha pregação em um teatro lotado, em uma noite quente de verão. Foi um encontro inusitado, o único, de que me lembro, em que, paralelamente à minha pregação, moças passavam pelos corredores, com suas bandejas, vendendo sorvete.

Eu repreendi a congregação por terem o tempo de adoração aos pés da deusa Isis! Em seguida, ocorreu uma série de explosões do lado de fora do teatro, mas como não houve nenhum alerta para desocupação do prédio, nós nobremente prosseguimos e, somente mais tarde, descobrimos que um armazém próximo ao teatro, que estocava galões e latas de tinta, havia pegado fogo. O Espírito Santo me orientou para que eu fizesse um apelo incomum no final da minha pregação: que os *homens* se aproximassem para receber cura. Muitos se apresentaram.

Ora, aquela acusação me confrontou com uma dura realidade! Segundo me lembro, a conversa continuou da forma a seguir. Eu disse a eles que nunca havia me encontrado com eles antes, que não os conhecia e que, portanto, não estava em condições de acusá-los de nada. Então, eles me disseram:

— Mas você disse esta noite que qualquer pessoa que tenha se separado e se casado de novo está cometendo adultério e nós dois nos divorciamos e agora estamos casados.

Eu havia dito essas coisas (e até impresso, como vocês sabem), mas não conseguia me lembrar disso naquele momento. Foi quando eu percebi que havia lido todo o capítulo 16 de Lucas, incluindo o versículo 18, antes de começar minha exposição. Então, eu respondi:

— Aquelas não eram minhas palavras, eu estava lendo o que Jesus disse.

Em seguida, eu abri a Bíblia e pedi que o marido lesse para mim. Achei que era uma forma eficaz de desviar o foco da discussão, que recaia sobre mim e minha opinião, para o que realmente importava para qualquer cristão, ou seja, Cristo e seus ensinamentos. Quando ele acabou de ler, perguntei qual era a posição deles com relação ao que ele havia lido e ele, relutantemente, admitiu:

— Acho que estamos vivendo em pecado, então.

Logo em seguida, ele tentou encontrar desculpas (eu me lembrei do homem que queria "justificar-se", em Lucas 10.29; não é o que todos nós fazemos?). A primeira justificativa foi a seguinte:

— Tudo aconteceu antes de nos tornarmos cristãos.

Surpreendentemente, as pessoas pensam que o pecado não é grave quando se comete na ignorância. Porém, ele provavelmente estava pensando que (ou ouviu isso de alguém?) ao se converter todas as falhas cometidas no passado são perdoadas e esquecidas. Com certeza, ele não sofreu nenhuma penalidade ou castigo pelos pecados cometidos, mas as consequências permanecem, da mesma forma como o estado civil – solteiro, casado ou divorciado. Tentei explicar isso tudo, mas ele prosseguiu rapidamente, usando outra tática:

— Jesus não abriu nenhuma exceção? – Será que ele ouviu isso de alguém?

EPÍLOGO

Eu respondi:

— Sim, ele tinha uma.

Eu de novo pedi que ele lesse para mim em voz alta; desta vez o capítulo 19 de Mateus. Quando terminou, foi sincero e admitiu que ambos não se enquadravam naquela exceção. Eles se divorciaram porque se apaixonaram um pelo outro e queriam se casar.

— Então, o que fazemos agora?

Eu disse a eles que os cristãos são capazes de saber quando algo que estão fazendo entristece o Senhor e perguntei o que eles achavam que deveriam fazer quando eles percebessem que estavam pecando. Imediatamente eles responderam:

— Pedir perdão.

— Sim – eu disse – isso vem em segundo lugar, mas há algo que precisa ser feito primeiro.

Eles não conseguiram adivinhar, então eu lhes disse:

— Arrepender-se.

— O que isso significa?

Disse que não era apenas pedir desculpas ou se sentir arrependido, mas que deveriam corrigir tudo o que pudesse ser corrigido, e perguntei se eles estavam preparados para dizer ao Senhor que eles estavam dispostos a fazer tudo o que ele pedisse que fizessem para reparar a situação.

Ele parecia ansioso e perguntou:

— Mas ele permitirá que fiquemos juntos?

Eu respondi

— Ele é quem tem que dizer, não eu – Eu sabia o que eu achava que o Senhor diria a eles, mas queria que eles ouvissem do próprio Senhor e não de mim; não porque eu estava relutante em dizer, mas porque eu queria fortalecer o relacionamento deles com o Senhor.

Após um longo silêncio, a resposta foi sincera:

— Não, mas você vai orar por nós?

Eu disse:

— Sinto muito, mas essa é uma oração que vocês mesmos terão que fazer por si próprios – e com muita convicção.

Eles então foram embora e eu nunca mais os vi ou tive notícias deles. Porém, algumas semanas depois, encontrei um homem que se apresentou como pastor da comunidade a que pertencia o casal e ele me disse:

— David, você não tem ideia da comoção que causou em minha igreja.

Confesso que isso me deixou na defensiva.

Ele disse que o casal que havia estado no teatro na noite da minha pregação se aproximou dele antes do culto, no domingo seguinte, e perguntou se podiam compartilhar algo com a congregação. Ele disse a eles que poderiam subir ao púlpito após a pregação, achando que eles queriam testemunhar as bênçãos que haviam recebido na noite anterior. Entretanto, ele e toda a congregação foram pegos de surpresa.

O marido disse que ele e a mulher não haviam conseguido dormir na noite anterior e disse a todos o porquê. Eles ficaram se questionando sobre o que tinham ouvido em relação à situação em que se encontravam. Ao amanhecer, se ajoelharam juntos e disseram ao Senhor que estavam preparados para obedecer e fazer tudo o que lhes fosse solicitado. "Mas", o marido disse, "é difícil ouvir o que ele está realmente dizendo porque o que queremos ouvir de verdade é que podemos ficar juntos. Por isso, todos vocês, irmãos e irmãs em Cristo, poderiam pedir direção a ele em nosso favor? E não tenham receio de nos contar o ele lhes disser".

— Você não vai acreditar no que aconteceu em seguida, o pastor falou. O choro tomou conta da congregação e as pessoas se derramaram em lágrimas. E começaram a confessar seus relacionamentos ilícitos e outros pecados. Muitos oravam em voz alta. O culto se estendeu até tarde,

EPÍLOGO

mas ninguém se importou. Nunca tínhamos presenciado algo assim – tão semelhante a um reavivamento.

Perguntei se ele estava me culpando ou me agradecendo pelo que aconteceu. Ele disse que foi uma nova experiência para todos e que não tinham certeza de como lidar com aquilo – mas estavam agradecendo ao Senhor por tudo.

E agora, caros leitores, tenho certeza de que vocês querem saber o que o Senhor disse ao casal, principalmente se vocês escolheram este livro porque estão em uma situação parecida com a deles. Eu não sei! Esqueci de perguntar. Só estou grato por ter contribuído para o arrependimento sincero do casal.

E pensando bem, fico muito contente em não saber. Não preciso manter segredo, o que não seria fácil. Se eu soubesse e o dissesse, ofereceria um precedente para vocês citarem e seguirem, tornando desnecessário a vocês buscar a face do Senhor e conhecer sua vontade.

Ficaria preocupado se este livro esclarecesse todas as suas dúvidas. Eu tomaria o lugar do Senhor e seria culpado de encorajá-los a praticar aquele tipo de idolatria a que os profetas também chamam de adultério.

APÊNDICE

JESUS ABRIU ALGUMA "EXCEÇÃO"?

Quando meu livro foi publicado, um leitor chamou minha atenção para a pesquisa de um estudioso de Cambridge, Dr. Leslie McFall, cujo artigo de 91 páginas, *The Biblical Teaching on Divorce and Remarriage* (O ensino bíblico sobre divórcio e novo casamento – tradução livre), pode ser baixado da internet. Eu gostaria de ter tido acesso a esse material antes de escrever este livro. Ele chega a uma conclusão semelhante a minha (de que Jesus reprovava todos os casamentos após o divórcio e até mesmo o próprio divórcio), mas por um caminho diferente. Meu caso baseou-se na palavra "fornicação" enquanto que a tese dele teve como foco a palavra "exceto".

É claro que ninguém tem o texto original do Novo Testamento, que foi escrito em grego. Ele tem que ser reconstruído com base em cópias manuscritas posteriores, que hoje existem aos milhares. O Dr. McFall destacou que, na grande maioria delas, o versículo 9 do capítulo 19 de Mateus não inclui a palavra "exceto", somente a oração "não por imoralidade sexual".

A palavra "não" (do grego *me*) é uma partícula de negação e normalmente indica uma exclusão e não uma exceção. No caso de Jesus, tratava-se de uma discordância com os ensinamentos dos ilustres mestres judeus da época, os rabinos Shamai e Hilel, que permitiam o divórcio em casos de adultério (Hilel o consentia também por outras razões). Ele praticamente estava dizendo: "nem mesmo no caso de fornicação", mesmo que essa palavra seja usada para se referir a qualquer tipo de pecado sexual, incluindo o adultério.

Isso explicaria a reação de perplexidade dos discípulos registrada em Mateus 19.10 ("Se estes são os termos para o marido e sua esposa, não é vantagem casar!"). Isso certamente mostra que Jesus estava estabelecendo seus próprios padrões, divergentes e mais rígidos do que os definidos por seus contemporâneos. Também explica por que ele se estendeu no assunto, salientando que o celibato não é uma escolha fácil, a menos que haja uma razão ou um propósito para tal escolha (Mateus 19.11-12).

Além disso, também condiz com seu repúdio à lei de Moisés (Mateus 19.8), que permitia o divórcio (Deuteronômio 24.1 e 3) e com sua validação da lei de Deus (Mateus 19.4-6), que torna o casamento permanente e para a vida toda, sem exceções (Gênesis 2.24).

Assim, como é que a palavra "exceto" aparece em Mateus 19.9 em quase todas as versões da Bíblia em português publicadas nos últimos quatrocentos anos?

A palavra "não" em grego é *me*, com apenas duas letras, mas quando ela é precedida da palavra "se" (em grego *ei* ou *ean*), ou seja (*ei me* ou *ean me*), ela significa "exceto". A inclusão de uma pequena palavra resulta em uma grande mudança: de exclusão para exceção. E essa mudança foi feita na versão em grego do Novo Testamento, usada por todos os reformistas protestantes e seus sucessores, que aceitaram a alteração sem questioná-la e a incorporaram em suas traduções da Bíblia.

Ironicamente, esse texto foi elaborado e publicado por um padre católico holandês chamado Erasmo, em 1516, concomitantemente com a Reforma, e desbancou a versão oficial da igreja católica romana publicada, em grego, em 1522. Como humanista, ele tinha uma grande simpatia por aqueles para os quais o casamento havia se tornado intolerável e encontrou duas "brechas" para eles no Novo Testamento.

A primeira brecha foi inserir a palavra "exceto" em Mateus 19.9, que abriu a porta tanto para aqueles que se divorciavam como para aqueles que se casavam novamente, com a justificativa de infidelidade sexual do parceiro, fazendo, assim, com que Jesus concordasse com os rabinos de sua época. A segunda foi empregar a frase "não fica debaixo de servidão" (1Coríntios 7.15) para referir-se à ligação criada entre os cônjuges com o casamento, e não à submissão da escravidão, e ao futuro em vez do passado (leia a argumentação referente a esses dois erros no capítulo 6 deste livro). Assim, ele abria outra porta para aqueles que se divorciavam e se casavam novamente, com a justificativa de deserção (do parceiro não cristão). Desde então, ficou conhecida como a "exceção de Erasmo".

Os reformistas protestantes anti-Roma se apropriaram desses dois desvios, que adulteraram quinze séculos de ensinamento e prática da igreja, e os consagraram mais tarde em declarações de fé como a "Confissão de Fé de Westminster". Mais importante ainda, eles os incorporaram à maioria das traduções da Bíblia para o inglês, das traduções de Tyndale (1525) em diante, com o uso da palavra "exceto" em vez de "não" em Mateus 19.9 e "não fica debaixo de servidão" em vez de "não ficou debaixo de escravidão" em 1Coríntios 7.15. Convido os leitores a compararem as traduções da Nova Versão Internacional com as das Sociedades Bíblicas Unidas e os textos da Nestle-Aland Greek nos quais se baseiam. Qualquer edição interlinear, com textos em mais de uma língua, dispostos paralelamente, revelará como a tradição pós-erasmiana ignorou o texto original.

O Dr. McFall acrescenta uma informação interessante: simplesmente não é possível saber se os rabinos Hilel e Shamai eram contemporâneos de Jesus. Referências retroativas a ambos são encontradas no Talmude, que foi compilado muito mais tarde. Os estudiosos supuseram que Jesus os conhecia por causa da frase "por *qualquer que fosse* o motivo", que foi usada por Hilel em argumentação contra a interpretação de Shamai de "algo que ele reprova" (Deuteronômio 24.1) como "adultério somente". Porém, é mais provável que Jesus tivesse seu próprio ponto de vista e não que tivesse aderido a um dos lados da disputa entre os rabinos.

Resta a este autor dar sua opinião sobre o caso do Dr. McFall. Em síntese, não estou convencido. Com certeza, ele está correto em afirmar que a grande maioria dos primeiros manuscritos gregos do Novo Testamento não contêm a palavra "exceto" em Mateus 19.9, somente "não por imoralidade sexual". Porém, se a partícula de negação "não" deve ou não ser interpretada como "senão" ou "nem mesmo" é uma questão aberta à discussão. O fato de que em Mateus 5.32 conste a palavra "exceto" (no grego é literalmente "com exceção de") pode corroborar para que o sentido seja o mesmo em Mateus 19.9; mas também pode indicar que este texto foi adaptado para ficar em conformidade com o texto da primeira referência. De uma coisa eu estou certo. Formar uma opinião sobre um assunto tão vital quanto esse com base em apenas um versículo, e sobretudo um versículo cujo sentido é meio ambíguo, seria um erro. Em outras palavras, um versículo que, de algum modo, é *obscuro* deve ser contraposto a outros versículos sobre o mesmo assunto e que sejam completamente *claros* (neste caso, Marcos 10.11-12; Lucas 16.18).

Também concordo com os demais argumentos do Dr. McFall. Ele discorre sobre as Escrituras, que ensinam que se nós não estamos preparados para perdoar os outros, não podemos esperar que sejamos perdoados (Mateus 6.14-15; 18.23-35). Isso com certeza se aplica quando os cônjuges pecam um contra o outro, inclusive cometendo adultério, embora devemos acrescentar uma condição crucial: "se ele se arrepender" (Lucas 17.3). Em termos práticos, a separação pode ser a única solução possível em circunstâncias excepcionais (por exemplo, maus tratos ou crueldade), mas recorrer ao divórcio é acusar o cônjuge de cometer um pecado imperdoável, seja no presente seja no futuro. O único pecado imperdoável mencionado nas Escrituras não tem nada a ver com sexo ou casamento (Mateus 12.32). Portanto, se divorciar do parceiro é colocar em risco a própria oportunidade de ser perdoado. Para a graça de Deus não existem casamentos "impossíveis". A porta do arrependimento, que leva à reconciliação, deve ser mantida sempre aberta. Divorciar-se, e até mesmo, casar-se novamente, fecha essa porta. Portanto, o Dr. McFall e eu concordamos que as práticas de divorciar-se e casar-se novamente são contrárias à vontade de Deus, tanto para crentes quanto para descrentes, muito embora tenhamos chegado à mesma conclusão por caminhos diferentes.

www.davidpawsonbooks.com

www.davidpawsonbooks.org

Os livros (em inglês) de David Pawson estão disponíveis em:
www.davidpawsonbooks.com

A Commentary on the Gospel of Mark
A Commentary on the Gospel of John
A Commentary on Acts
A Commentary on Romans
A Commentary on 1 & 2 Corinthians
A Commentary on Galatians
A Commentary on Ephesians
A Commentary on 1 & 2 Thessalonians
A Commentary on The Personal Letters: 1 & 2 Timothy, Titus, Philemon
A Commentary on Hebrews
A Commentary on James
A Commentary on Jude
A Commentary on the Letters of John
A Commentary on the Book of Revelation
Angels
By God, I Will (The Biblical Covenants)
The Challenge of Islam to Christians
The Character of God
Christianity Explained
Come with me through Isaiah
Defending Christian Zionism
Explaining the Resurrection
Explaining the Second Coming
Explaining Water Baptism
The God and the Gospel of Righteousness
Is John 3:16 the Gospel?
Israel in the New Testament
Jesus Baptises in One Holy Spirit
JESUS: The Seven Wonders of HIStory
Kingdoms in Conflict
Leadership is Male
Living in Hope
Loose Leaves from My Bible
The Lord's Prayer
The Maker's Instructions (A new look at the 10 Commandments)
The Normal Christian Birth
Not as Bad as the Truth (autobiography)
Once Saved, Always Saved?
Practising the Principles of Prayer
Remarriage is Adultery, Unless...
The Road to Hell
Simon Peter: The Reed and the Rock
Unlocking the Bible
What the Bible says about the Holy Spirit
When Jesus Returns
Where has the Body been for 2000 years?
Where is Jesus Now?
Why Does God Allow Natural Disasters?
Word and Spirit Together

Unlocking the Bible também está disponível em DVD em:
www.davidpawson.com

www.ingramcontent.com/pod-product-compliance
Lightning Source LLC
Chambersburg PA
CBHW070945080526
44587CB00015B/2228